진격의 재생에너지

진격의 재생에너지

초판 펴낸 날 2022년 2월 4일

지은이 ㅣ 브루스 어셔
옮긴이 ㅣ 홍준희
펴낸이 ㅣ 김삼수
편 집 ㅣ 김소라   디자인 ㅣ 권대흥
펴낸곳 ㅣ 아모르문디   등록 ㅣ 제313-2005-00087호
주소 ㅣ 서울시 마포구 월드컵북로5길 56 401호
전화 ㅣ 0505-306-3336   팩스 ㅣ 0505-303-3334
이메일 ㅣ amormundi1@daum.net

ISBN 979-11-91040-18-0 04320

전환시대총서 1

진격의 재생에너지

에너지전환과 전기차는 우리의 삶을 어떻게 바꿀 것인가?

브루스 어셔 지음 홍준희 옮김

아모르문디

오해와 무지 바로잡기

최근 뉴욕에 사는 친구 하나가 일터에 태양광 패널을 설치했는데, 이게 간단한 일은 아니다. 뉴욕의 건물은 대부분 더 높은 건물들로 둘러싸여 하루 종일 해를 보기가 쉽지 않다. 그러나 친구의 빌딩 지붕은 탁 트여서 지역 태양광 회사와 무난히 계약할 수 있었다.

몇 달 후 다른 친구들과 함께 방문해 보니 지붕에 설치된 태양광 패널이 보였다. 친구 하나는 그 패널들로 건물 전체에 충분한 전기를 공급할 수 있다는 사실에 놀라움을 금치 못했다. 또 한 명은 이 투자가 실패할까 봐 걱정했다. 다른 친구는 태양광은 정부 보조금이 있어야 살아남을 수 있을 뿐이라고 주장했다. 모두 똑똑하고 배움도 많은 친구들인데, 애처롭게도 완전히 틀렸다.

이 경험으로 인해 자문하게 되었다. 왜 이토록 많은 사람들이 재생에너지를 제대로 알지 못할까? 재생에너지인 풍력과 태양광의 급속한 성장은 비밀이 아닌데 말이다. 우뚝한 풍력 터빈과 반짝이는 태양광 패널은 눈에 띄기 마련이다. 그럼에도 대부분의 사람들은 에너지 분야에서 벌어지고 있는 일에 대해 한심스러울 정도로 모르고 있다. 전 콜로라도 주지사인 빌 리터는 이 문제의 본질을 포착했다. "이런 에너지원에 대한 담화가 TV 홍보나 정책 토론의 형태로 이루어져 왔기 때문에 사람들은 재생에너지 비용에 대해 오해하기 십상이다. 그런 것으로는 진실을 알기보다는 혼란에 빠지기 쉽다."[1]

놀라운 에너지전환이 일어나 재생에너지가 화석연료에 대해 가격경쟁력을 갖추게 되었다는 사실은 정치인들이 유발한 잘못된 정보로 인해 가려졌다. 재생에너지의 발흥은 이야기의 절반에 불과하다. 운송 부문도 가솔린과 디젤에서 전기차로 전환하고 있다. 에너지와 교통이라는, 세계에서 가장 크고 중요한 산업들 중 두 가지가 드라마틱한 공진화(共進化)의 시기에 들어선 것이다.

경영대학원 교수로서, 나는 이러한 변화가 흥미롭다. 이 책에 실린 많은 자료들은 내가 가르치는 컬럼비아 경영대학원 수업에서 나온 것이지만, 내가 재생에너지에 대해 가진 관심은 학문적인 것 이상이다. 나는 초기 단계의 몇몇 기업에 투자도 하고 있다. 많은 투자자들처럼, 나도 에너지와 운송 부문에서 일어나는 변화와 같은 장기적인 추세에 주목한다. 언제 재생에너지와 전기차로 전환될지 타이밍을 예측하기는 어렵지만, 전환의 방향과 추세는 분명하기 때문에

절호의 투자 기회를 잡기란 어렵지 않다.

　이런 이유로 이 책을 쓰게 되었다. 내 친구들을 포함해 모두에게 이미 벌어지고 있는 재생에너지 전환을 알리기 위해, 그리고 재생에너지에 대한 오해와 무지를 바로잡기 위해. 에너지를 어떻게 생산하고 소비하느냐가 우리 삶의 방식과 지구의 미래에 결정적이기 때문에 이러한 추세를 아는 것은 아주 중요하다. 우리 모두는 에너지에 대해 현명한 결정을 내려야 한다. 정치인과 정부도 그렇게 하게끔 해야 한다. 그런 점에서 이 짧은 책이 도움이 되기를 바란다.

● ● ●

　초보 저자를 환영해준 컬럼비아대학 출판부의 패트릭 피츠제럴드와 브라이언 스미스에게 감사를 드린다. 뛰어난 연구와 편집으로 도와준 스테프 쇼, 시간을 내 검토하고 피드백을 준 마이클 제러드, 데이브 커크패트릭, 찰리 도노번에게도 각별한 고마움을 표한다. 나를 무엇보다 이 분야로 이끌어준 동생 에릭 어셔에게 고맙다. 더불어 학계로의 경력 전환을 도와준 나오미, 벤, 테오에게 고맙다. 매일 매일 동기를 부여하고 도전하게 해준 컬럼비아 경영대학원 학생들에게 감사드린다.

1.1 지구(출처: https://www.opendesktop.org/)

1
21세기의 재생에너지

에너지전환이 진행 중이라는 것을 부인할 사람은
거의 없을 것이다. ― 국제통화기금, 2017

재생에너지는 의외로 입장이 극단적으로 갈리는 주제다. 환경론자는 기후변화를 걱정하며 풍력과 태양광을 편들지만, 경제학자는 석탄과 가스, 석유를 대체할 때 드는 전환 비용을 우려한다. 반면 정치인은 마치 도덕적인 문제라도 되는 양 찬성파가 되거나 반대파가 된다. 그러나 모든 논란에도 불구하고 재생에너지는 세계의 주요 에너지원으로 이미 화석연료를 대신하고 있으며, 이것은 강력하고 필연적인 전개다. 이 책은 그 변화와 파급력에 대해 설명한다.

진격의 재생에너지
21세기에 일어나고 있는 화석연료에서 재생에너지로의 전환은 인류 역사에서 있었던 이전의 전환, 즉 열에너지원을 나무에서 석탄으로 바꾼 것이나 운송 에너지를 가축 사료에서 석유로 바꾼 것과 매우 닮았다. 에너지원을 바꿀 때마다 당대 최고의 기술을 사용했고, 전환의 결과로 더 싸게 더 좋은 제품을 얻었다. 이제는 많은 나라에서 상당한 수준에 이른 풍력발전과 태양광발전 설비로 화석연료보다 싸게 전기를 만들 수 있다. 경쟁력 있는 가격 책정으로 소비자의 수요를 재생에너지 쪽으로 이끌고 있고, 종종 전혀 의외인 곳에서도 같은 일이 벌어지고 있다.

텍사스는 미국 내 많은 화석연료 기업들이 본사를 두고 있는 곳임에도 풍력발전이 2017년 총 발전량의 17%를 차지하였고, 2년 내에 석탄발전을 추월할 것으로 예측된다.[1] (역주: 텍사스는 2020년에 4,137MW의 풍력발전기를 설치했고, 2021년에는 석탄발전보다 더 많은 전력을 생산하여 총 발전량의 20%를 차지했다.) 산업혁명의 요람인 영국은 2017년 4월 21일 근 400년 동안 계속 사용했던 석탄을 태우지 않고 하루 동안을 지냄으로써 장벽을 뛰어넘었다.[2] 세계 최대의 산유국인 사우디아라비아까지도 세계 최대 규모의 태양광 프로젝트를 여럿 추진하면서 에너지전환에 동참하고 있다.[3]

풍력과 태양광은 끊임없는 기술 향상과 제조비용 절감으로 가격을 낮추고 수요를 늘리는 선순환을 이뤄냈고, 전 세계적으로 가장 빠르게 성장하는 발전원이 되었다. 풍력과 태양광은 매년 점점 더 싸지고 석탄, 석유, 천연가스에 대한 경쟁력을 높이고 있다. 그러나 이것은 시작에 불과하다. 앞으로 재생에너지는 운송 부문에서 추진되는 또 다른 에너지전환과 상호작용하며 시장 점유율을 지속적으로 높여갈 것이다.

운송의 변화

100년 전 가솔린차가 말을 대체하고 더 빠르고 저렴한 운송 수단이 되었다. 운송 부문은 이제 또 한 번 내연기관에서 전기차로의 거대한 전환을 시작하고 있다. 앞으로 10년 안에 전기차는 기존 차보다 싸질 것이고, 전환은 더욱 빨라질 것이다. 이는 재생에너지의 성장에도 중요한데, 전기차 시장이 커지면서 배터리 비용을 빠르게 낮추면 전기를 저장하는 비용도 같이 낮아지기 때문이다.

재생에너지인 풍력과 태양광은 저렴하지만 일정하거나 규칙적이지 않고 간헐적이다. 바람과 햇빛이 있어야 발전할 수 있기 때문이다. 화석연료에서 재생에너지로 전환하려면 적절한 비용으로 에너지를 저장할 수 있어야 한다. 저렴한 배터리로 풍력과 태양광이 생산한 전기를 싸게 저장할 수 있으면 날씨가 흐리거나 바람이 없어도 재생에너지 전력을 사용할 수 있다. 비싸지 않은 에너지 저장 장치가 있으면 에너지전환으로 가는 마지막 장애물을 해결할 수 있다.

에너지전환이 중요한 이유

나무에서 석탄으로, 석탄에서 석유와 천연가스로 바꾸어온 에너지전환은 현대 경제를 발전시킨 핵심이다. 화석연료에서 재생에너지로 바꾸는 다음 에너지전환은 기후변화에 따르는 재앙을 피하는

데 매우 중요할 뿐만 아니라, 지정학적 패권에도 중대한 변화를 일으킬 것이다. 화석연료 수출국들의 수익은 줄고 중국, 인도 그리고 많은 개발도상국들은 혜택을 볼 것이다. 석탄 사용이 감소하면서 관련 유해 입자로 인한 환경오염도 줄어들면 세계 전체가 건강해질 것이다. 그리고 재생에너지 건설 프로젝트로 세계 곳곳에 수백만 개의 일자리가 생길 것이다.

21세기의 재생에너지 성장은 승자와 패자를 낳을 것이다. 현재의 화석연료 기업은 수조 달러에 해당하는 기업 가치를 상실할 위험에 처할 것이다. 일부는 전략을 만들어 에너지전환에 동참하겠지만, 느린 기업은 파산에 직면할 것이다. 마찬가지로 몇몇 국가는 화석연료로부터의 전환을 주도하며 장기적인 이익을 누릴 것이고, 그렇지 못한 나라는 뒤처질 것이다.

풍력과 태양광이 더욱 저렴해지고 석탄, 석유 및 가스를 대체함에 따라 재생에너지 전환은 필연이 되었다. 정부도 에너지전환의 궤적을 바꾸지 못한다. 다만 정책으로 전환의 속도에 영향을 줄 수는 있다. 정부의 정책과 결정이 그 국가와 기업이 전환을 주도할지, 혹은 뒤처져서 따라갈지를 가르게 될 것이다. 이전의 에너지전환과 마찬가지로, 많은 것이 달려 있다.

재생에너지 입문서

이 책은 재생에너지로 향하는 글로벌 전환을 일으키는 경제적 기반을 이해하기 위한 입문서이다. 독자들이 모든 주제를 종합적이고 세밀하게 검토하기보다는 기본적인 것들을 확실하게 이해할 수 있도록 많은 것을 단순화해 설명하고자 했다. 초점은 재생에너지의 선두 분야인 풍력과 태양광이 화석연료와 어떤 연관성이 있는지에 두었다. 정책적인 주제는 최상위 수준에서만 조사했다. 이 책은 재생에너지를 윤리적 관점에서 옹호하는 것이 아니라 냉정하게 시장의 현 상황을 조사하고, 추세를 평가하고, 미래를 예측한다. 요컨대 이 입문서는 재생에너지인 풍력과 태양광이 지금까지 보여준 경이로운 성장과 앞으로 펼쳐질 궤적에 대한 명확한 설명을 제공한다.

이 책은 한 가지 부분, 영향력에 대한 평가에 관해서는 견해를 제시하지 않는다. 화석연료에서 재생에너지로의 전환은 거의 분명한 일이지만 그 시기와 지정학적, 경제적, 보건적 그리고 기후적인 영향력은 덜 분명하다. 재생에너지로의 전환을 선도하는 국가나 기업, 개인은 승자가 되어 많은 혜택을 누릴 것이고, 적응할 수 없거나 적응에 실패한 많은 국가와 기업, 개인은 패자가 될 것이다. 그러나 미래를 예측하려면 무엇보다 과거를 확고하게 이해해야 한다.

2.1 하인리히 퓌거, 〈인간에게 불을 전하는 프로메테우스〉, 1817.

2
에너지전환: 불에서 전기로

　문명의 시작은 불이다. 불이 내는 열은 인류가 사용한 첫 번째 에너지로서 우리의 첫 조상들에게 따뜻함과 밝음, 조리된 음식을 주었다. 프로메테우스가 올림포스 산의 불을 훔쳐 인간에게 주고 문명을 일으켰다는 그리스 신화는 이 장면을 생생하게 묘사한다. 이 일탈로 프로메테우스는 제우스에게 바위에 묶여 영원한 고통에 시달리는 벌을 받았다. 이 형벌의 끔찍함은 불, 즉 에너지가 인류의 미래에 얼마나 중요한 것인지를 반영한다.

　인류는 수천 년 동안 나무나 풀을 태워 에너지를 얻었다. 어디든 널려 있을뿐더러 그러모아 운반하기도, 불붙이기도 쉬우니 나무는 매우 편하고 저렴한 에너지원이었다. 영원히 재생 가능한 에너지원처럼 보이기도 했다. 중세 내내, 지구를 넓게 두른 숲은 인류의 에너지 생산 수요를 충족하고도 남을 만큼의 나무를 공급해주었다. 이 시기의 자료는 드물지만, 1086년 영국의 정복왕 윌리엄이 편찬한 『둠스데이 북』(역주: 노르만족이 잉글랜드를 정복한 후 왕이 된 윌리엄 1세가 조세를 징수할 기반이 되는 토지 현황을 조사하여 정리한 책)에는 11세기 영국 땅의 50%가 숲이었다고 기록되어 있다.[1]

1600년대까지의 영국과 1700년대 미국은 사방이 울창한 숲이라 나무를 얻기도 운반하기도 쉬워서 주 에너지원으로 썼다.[2] 그러나 인구가 늘면서, 특히 도심에서 급격하게 늘면서 도시 주변의 산은 재생 속도가 벌목 속도를 따라가지 못해 빠르게 민둥산이 되었다. 1530년대 초 약 3백만 명이던 잉글랜드와 웨일스의 인구는 1690년에는 거의 두 배로 불어났다.[3] 조리 및 난방을 위해 나무 사용이 급증하는 것과 더불어 인구 증가로 인한 건설과 산업용 목재 수요도 증가했다. 금속 제련과 정련을 위해서도 대량의 에너지가 필요했고, 당시에는 그 연료도 나무였다.[4]

삼림 파괴는 필연적으로 경제적인 결과를 초래했다. 벌목하는 산림이 점점 더 도시에서 멀어지면서 나무 값이 올랐다. 17세기 세계 최대의 도시였던 런던에서는 나무 값 상승이 일상이 되었다. (역주: 1650년 즈음에 2배, 1750년 즈음엔 2.5배가 올랐다.) 나무가 비싸지면서 사람들은 저렴한 대체재를 찾기 시작했고, 세계 최초의 에너지전환이 시작되었다.[5]

나무에서 석탄으로의 전환

석탄의 장점에 대해서라면 미국의 위대한 시인 랄프 왈도 에머슨의 표현이 있다. "석탄은 검은 다이아몬드. 바구니 하나하나가 권력이자 문명이다."[6] 석탄을 나무와 비교해보면 에머슨의 호들갑이 이해된다. 석탄은 나무보다 부피당 발열량이 월등하기 때문에 캐서 운반하는 비용이 싸다. 이러한 부피 또는 질량당 에너지의 양을 에너지 밀도라 한다. 석탄광은 산림보다 에이커당 수천 배나 많은 에너지를 가지고 있다.[7] 더구나 석탄은 땅속에서 캐내어 운반해야 함에도 아주 풍부하다.

석탄은 장점도 많지만 삶의 질에 나쁘다는 단점도 있었다. 역사가 피터 브림블컴에 따르면, "숙녀라면 석탄을 태우는 방에는 들어가지도 않을 것이다. … 그리고 르네상스 시기 영국인은 석탄 연기 냄새가 밴 맥주를 껄끄러워했다."[8] 이런저런 이유로 영국 귀족들은 나무에서 석탄으로 전환하는 것에 저항했다. 더 이상 비싼 나무를 쓸 수 없었던 빈민층이 부득이 먼저 석탄으로 전환했다. 1603년 엘리자베스 여왕이 죽고 제임스 왕이 저택에서 석탄을 사용하면서부터 귀족들도 석탄을 쓰기 시작했다.[9] 이렇게 첫 번째 에너지전환이 진행되었다.

석탄은 처음엔 난방용으로만 사용되었고 벽난로에서 소량 태우는 정도였다. 석탄 수요는 1790년 스코틀랜드의 발명가 제임스 와트가 거의 모든 공장에 사용할 수 있는 증기기관을 발명하면서 증가하기 시작했다. 와트의 증기기관은 영국에서 시작해 유럽 전역과 대서양을 가로질러 산업혁명을 가속화했으며, 석탄으로 움직였다.

미국의 석탄 전환은 훨씬 느렸는데, 숲이 더 많아 나무가 저렴했기 때문이다. 나무가 풍부하고 소비자 가까이 있으니 다른 에너지원을 찾거나 개발할 경제적 동기가 없었던 것이다. 1826년 필라델피아에서는 석탄보다 저렴한 값에 나무로 주택 난방을 할 수 있었다.[10] 그러나 미국에 철도가 부설되면서 석탄 채굴과 운송비용이 낮아지니 석탄 가격도 낮아지기 시작했다. 1830년대 톤당 7~10달러였던 것이 불과 20년 만인 1850년대 중반에는 톤당 3달러까지 낮아졌다.[11] 가격이 낮아지자 집주인들은 나무를 석탄으로 바꾸게 되었고, 미국의 석탄 소비량은 그 후 50년 동안 100배 이상 증가하였다.[12]

19세기 후반에 석탄은 나무를 대체하고 유럽과 미국의 주 에너지가 되었다. 13 탄광은 급속히 확산하는 공장과 철도에 막대한 양의 석탄을 공급했고, 정부는 인프라 건설로 석탄을 저렴하게 쓸 수 있도록 지원했다. 예를 들어 대영제국에서는 내륙 수로가 건설됨으로써 석탄 운송비용이 50%나 저렴해졌다. 산업화의 질주와 더불어 석탄 에너지를 이용하는 새롭고 유익한 발명들이 이루어졌다. 이윽고 석탄을 이용하는 강력한 방법을 찾게 되었는데, 바로 전기발전이다.

석탄 화력발전

전기는 18세기가 다 지나도록 그저 신기한 현상으로만 이해되었다. 벤저민 프랭클린은 금속 열쇠를 매단 연을 날리는 전설적인 실험을 통해 번개의 본질이 전기라는 것을 밝혔다. (이 실험은 사실 프랭클린 본인의 운이 엄청나게 좋았다는 것도 증명한 셈이다. 이 위험한 실험을 따라 한 여러 사람이 죽었으니까.)[14] 19세기 말이 되어서야 전기의 쓸모가 밝혀졌고 에디슨, 테슬라, 웨스팅하우스 등의 발명가들이 진기한 것에 불과한 전기를 근대 세계 경제의 기반을 이루는 상품으로 바꿔놓았다. 그중 첫 상품인 백열전구가 전기 수요를 창출했다.[15]

이 수요를 충족하기 위해 1881년 9월 영국 서리의 고달밍에 세계 최초의 발전소가 문을 열었다. 고달밍의 전기는 집과 거리에 설치된 34개의 백열등에 불을 밝혔는데, 기술적인 어려움과 비싼 비용으로 인해 마을은 3년 후 이 시스템을 포기했다.[16] 세계 최초의 상업 발전소인 뉴욕의 펄 스트리트 스테이션은 1882년 토머스 에디슨이 건설했다. 이 발전소의 발전용 터빈은 고압 증기기관을 사용했고, 필요한 증기는 열로 만들었다. 에디슨이 석탄을 태워서 증기기관의 열을 만든 것은 당연히 싸고 구하기 쉬워서였다. 1880년대에는 이미 대부분의 공장에서 석탄을 연료로 쓰는 증기기관을 사용하고 있었기 때문에 발전기용 증기기관에도 석탄을 쓰는 것이 당연했다.

펄 스트리트 스테이션은 82명의 고객에게 400개의 백열등에 대한 전력을 제공하는 것으로 출발했다.[17] 고객 수요는 빠르게 증가했는데, 불과 2년 만에 1만 개 이상의 전등에 전기를 공급할 정도가 되었다. 그러나 에디슨에게는 애석한 일이지만 펄 스트리트 스테이션도 상업적인 성공을 거두지는 못했고, 겨우 8년 정도 운영된 후에 불타버렸다. 그렇지만 이 발전소는 전기를 찾는 고객 수요가 있다는 것을 증명했고, 에디슨의 석탄 화력발전소 설계는 전 세계에서 복제

되기 시작했다.

1900년에 이르러서는 산업화된 국가들에서 나무에서 석탄으로의 에너지전환이 완료된다. 미국과 유럽에서는 난방, 발전, 산업용 동력에 필요한 에너지 대부분을 석탄으로 얻었다. 석탄으로 전기를 생산하는 에디슨의 설계는 워낙 성공적이라 이후 100년 이상 거의 변화 없이 사용된다.

석탄 이후

20세기 중반까지 석탄은 세계의 발전(發電) 연료였다.[18] 그러나 수세기 전의 삼림과 마찬가지로 영국의 탄광은 고갈되었고, 그 결과 가격이 상승했다. 비싸진 비용도 문제였지만 석탄을 태울 때 발생하는 대기 오염으로 인해 새로운 동력원을 찾아야 했다. 1950년대와 1960년대 미국과 유럽 도시의 공기 질은 충격적일 정도로 나빴다. 1952년 '그레이트 스모그'가 런던을 닷새 동안 뒤덮어 1만 2천 명이 사망하자 결국 일련의 환경법안이 만들어지게 되었다.[19] 정부와 산업계는 석탄을 대신할 발전용 연료를 모색하기 시작했다. 더 나은 에너지원을 찾기 위해서는 발전의 경제학에 대한 이해가 필요했다.

전기의 경제학

전기는 원자재 상품(commodity)이다. 이는 소비자가 자신이 사용하는 전기가 어느 발전기로부터 온 것인지 구분할 수 없다는 뜻이다. 석탄 화력, 가스 화력, 원자력발전이 만들어내는 전자(electron)

는 모두 같다. 따라서 발전연료 간의 차이를 발생시키는 주된 요인은 비용이다. 품질의 차이가 없으니 가장 저렴한 발전원을 선호하게 된다.

서로 다른 발전연료의 비용을 비교하는 것은 어렵다. 석탄 화력은 건설비는 비교적 싸지만 발전에 막대한 양의 석탄이 필요하다. 가스 화력은 석탄 화력 대비 건설비가 상당히 비싼 대신 운전비가 덜 든다. 원자력발전의 건설비는 아주 비싸지만, 대신 우라늄은 석탄이나 가스와 비교해서 매우 적은 양만 필요하다.

다른 비용도 고려해야 한다. 석탄 연소는 천식을 유발하는 그을음과 유독성 수은이 함유된 오염 물질을 대량 배출한다. 천연가스도 오염 물질을 배출하지만 석탄보다는 상당히 적다. 원자력은 대기 오염은 없지만 사용 후 핵연료가 방사능과 독성이 강해서 이를 처리하는 비용과 위험이 엄청날 수 있다. 그렇다면 특성이 서로 다른 발전연료들을 비교하는 방법은 무엇일까?

LCOE(Levelized Cost of Electrics, 균등화 발전 원가)가 그 해결책이다. 이는 서로 다른 발전원 간의 전기 생산 비용을 비교할 때 사용되는 표준 척도다. LCOE를 보면 동일한 기준으로 비용을 비교할 수 있다. LCOE는 발전소 건설비와 발전소 수명 기간 동안의 총 운영비를 합친 후 예상되는 총 발전량으로 나눈 값인데, 수명 기간 동안 투입되는 비용[20]의 차이는 기준 시점으로 현가화해 반영한다.

이렇게 계산된 LCOE는 발전소의 설계수명(보통 20~40년) 동안 생산되는 전력에 대해 MWh당 비용을 $/MWh 혹은 원/kWh로 표시한다. LCOE를 계산하는 공식과 예는 부록 A에서 설명하였다.

LCOE를 사용하면 특성이 크게 다른 전력원들을 단일 척도로 비교하거나 판단할 수 있다. 이는 석탄에서 원자력으로, 그리고 천연가스로 이행되었던 두 번째 에너지전환에 대해 중요한 시사점을 담고 있다.

원자력의 경제학: 중단된 전환

원자력으로 발전한다는 개념은 석탄에너지 체계에 대한 대안으로서 환상적이다. 우라늄은 풍부하고 채굴과 처리 비용도 저렴하며 핵분열로 만들어지는 에너지는 거의 무한정이다. 드와이트 D. 아이젠하워 대통령은 1953년 12월 유엔총회에서 한 '평화를 위한 원자력' 연설에서 "원자력이 만드는 평화적인 파워는 꿈이 아니다. 그 능력은 오늘날 이미 증명되었다"고 말했다.[21]

아이젠하워 대통령의 연설이 있은 지 불과 4년 만에 세계 최초의 대형 원자로가 펜실베이니아 주 피츠버그 외곽에서 운전을 시작했다. 1960년대에는 미국과 유럽에서 원자력 개발 붐이 일었다.

1973년 단 한 해 동안 미국의 전력회사들은 41기의 원전 건설을 주문했고[22] 미국의 원자로는 거의 제로에서 시작해 1988년에는 총 발전량의 20%를 차지할 정도로 성장했다.[23] 바야흐로 석탄 화력발전에서 원자력으로의 두 번째 에너지전환이 시작된 것으로 보였다. 전체 에너지에서 원자력의 발전 비중이 빠르고 급격하게 증가했고, 전문가들은 원자력발전이 에너지 시장을 지배할 것으로 내다봤다.

심지어는 미국의 해군 함정에도 원자력 엔진 사용이 승인되었다.[24]

그러나 방사성 폐기물 처리 비용, 안전 강화 및 원자로 폐로 비용 등을 원자력발전의 LCOE에 추가 반영해야 함이 명백해지면서 원자력발전소 건설비 및 운영비가 상승하기 시작했다. 1979년 3월 28일 펜실베이니아 주 스리마일 섬의 원자력발전소에서 실수로 대량의 원자로 냉각수를 방출하는 사고가 일어나 부분 멜트다운과 방사성 가스 유출로 이어졌을 때 이런 사실이 백일하에 드러났다. 이때 든 정화 비용만 1조 원(미화 10억 달러) 이상이었다.[25]

원자력이 미래의 연료가 될 수 있는 모멘텀이 있었지만, 스리마일 섬 사고는 성장하던 미국 원자력 산업의 전환점이 되었다. 사고 이후 규제 당국은 안전을 강화하도록 요구했고, 지역 주민은 원자력발전소 건설을 더욱 거세게 반대해 원전 프로젝트 개발을 지연시켰으며, 건설비용은 눈덩이처럼 커져갔다. 결국 이런 원인으로 인해 원자력발전의 LCOE는 크게 증가하였다. 기존 원전은 스리마일 섬 사고 후에도 여전히 운전해서 2017년 미국 총 발전량의 20%를 공급했지만, 신규 원전 건설은 회복되지 못했다.[26]

원자력 산업의 종말은 안전 문제와 규제 때문이라는 것이 일반론이지만, 이는 모호하게 에두른 표현이다. 원자력이 석탄 대체에 실패한 이유는 단순하다. 한마디로 경제성 때문이다. 원자력발전은 LCOE가 높은데, 이는 비싼 발전이라는 뜻이다. 라자드 투자은행은 원자력의 LCOE가 보조금이 없는 석탄, 천연가스, 재생에너지인 풍력 및 태양광과 비교할 때 두 배에 달할 것으로 추정한다.[27] 2017년에는 미국 61개 원자력발전소 중 34개가 총 29억 달러의 손실을 입었다.[28] 프린스턴 대학의 물리학자인 M. V. 라마나는 2016년 『네이처』에서 원자력발전에 닥친 곤경을 요약했다. "원자력발전의 미래를 결정하는 핵심 요인은 경제성 부족이다. 원전은 건설과 운영에 돈이 많이 든다. 비싸기 때문에 신규 건설은 줄고, 전력회사는 원전을 중지하게 될 것이다."[29]

석탄에서 원자력으로의 에너지전환은 많은 가능성을 안고 시작되었으나, 결국은 비용 경쟁력이 낮아 중단되었다. 원자력발전의 역할은 이제 전 세계적으로 쇠퇴하고 있으며, 회복할 가능성은 거의 없다.[30]

천연가스의 경제학: 전환 성공

천연가스는 에디슨과 당대의 발명가들에게도 잘 알려진 대체 에너지원이었지만, 파이프라인을 통해서만 수송할 수 있었기 때문에 발전연료로 거의 사용되지 않았다. 고대 중국에서는 대나무 파이프로 천연가스를 운반한 적이 있다.[31] 나중에는 기술자들이 나무나 비금속 재료를 써봤으나 그 어느 것도 경제적으로 의미 있는 가스 운송 수단이 되지 못했다. 1920년대 후반, 용접 기술 향상과 금속 파이프 제조 기술 등장으로 경제적인 가스 파이프라인 건설이 가능해졌다. 미국에서는 1930년대에서 1940년대에 걸쳐 천연가스 파이프라인이 건설되었고 조명, 난방, 조리용과 산업용으로 가스 전송이 이루어졌다. 이즈음 "미국 내 파이프라인을 한 줄로 연결하면 달까지 두 번 왕복할 수 있을 정도였다."[32] 그러나 효율적인 가스터빈이 발명되고 나서야 발전용 연료로 천연가스를 사용하게 된다.

1990년대에는 개선된 새로운 가스터빈 기술인 복합 사이클 가스터빈(Combined-cycle Gas Turbine)이 개발되었는데, 이는 가스의 에너지를 가스터빈에 먼저 사용하고, 그 후 뜨거운 배기가스에 포함된 열을 다음 단계에서 증기터빈용으로 활용함으로써 에너지 효율을 크게 향상한 것이다. 이렇게 만든 복합화력발전은 발전의 효율과 출력을 개선했다. 미국에서는 1980년대 후반 광범위한 규제 완화 정책이 시행되었는데, 그중 하나로 1990년에 천연가스 가격 규제가 완화되어 천연가스 수요가 늘어났다. 그리고 이후 10년 동안 유럽에서 클린 에너지에 대한 관심이 고조되고, 아시아에서는 인구 급증에 맞춰 조기 건설할 수 있는 에너지 플랜트에 대한 요구가 커지자, 이런 요인들이 맞물려 가스터빈 설비에 대한 수요가 크게 증가했다. [33]

2000년이 되자 천연가스는 신규 발전원 중 석탄보다 선호하는 연료가 되었다. 그러나 가스 수요가 증가하면서 가격이 올라 석탄으로부터의 전환에 차질을 빚을 위험이 발생했다. 이 문제는 기술 혁신으로 해결되었는데, 바로 천연가스 추출에 사용하는 수압파쇄 기술(fracking, 프래킹)이 상용화된 것이다.

파쇄공법은 고압을 사용해 셰일 암석에 있는 길고 가느다란 균열을 강제로 키워 암석에 포함된 천연가스를 방출시킨다. 파쇄공법은 남북전쟁 중에 처음 발견되었지만, 현대의 파쇄공법 붐은 텍사스의 오일맨 조지 미첼로부터 시작되었다.[34] 미첼은 고집 세기로 유명했는데, 수년간의 실패에도 "포기란 없는" 사람이었다.[35] 수십 년에 걸친 실험 끝에 효과적인 유체 사용, 수평 드릴링 등 다수의 기술을 결합한 프래킹 공법을 완벽하게 만들어 천연가스 추출 비용을 극적으로 낮추는 데 성공했다. 미첼의 성공은 미국 셰일가스 산업의 고도성장을 이끌었고, 천연가스 생산량이 폭증하면서 가격도 낮게 유지되었다.

저렴한 가격의 풍부한 천연가스에 힘입어 미국의 가스 화력발전소 건설은 2000년부터 2015년까지 총 228GW에 달했고, 이 기간 중 건설된 신규 석탄 화력발전소는 20GW에 불과했다.[36] 미국 EIA(Energy Information Agency, 에너지정보국)에 의하면 이는 "석탄보다 저렴한 천연가스의 경쟁력" 때문이다.[37] 고효율 가스 복합화력의 낮은 LCOE는 전력회사들이 석탄으로부터 탈피하는 전환을 꾀하도록 촉진했다. 2016년에는 미국의 총 발전량에서 가스 발전이 석탄을 추월했다.[38]

21세기 초의 발전 경제학

처음 수천 년 동안 에너지는 값싸고 풍부한 자원인 나무를 태워 얻었다. 산업용 기계가 개발되면서 그 기계들에 동력을 공급하고 주택과 건물에 조명을 밝히기 위한 전기가 필요했고, 전력을 공급하기 위해 에너지 밀도가 높고 저렴한 석탄으로 첫 번째 에너지전환이 이루어졌다. 석탄은 산업혁명을 뒷받침했다. 그러나 1950년대에 이르러 스모그와 대기 오염 등 석탄의 한계가 드러나자 원자력 및 천연

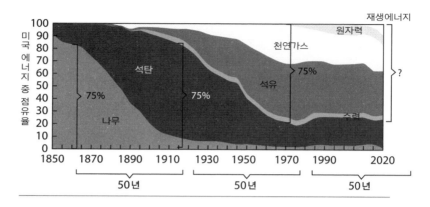

2.2 미국의 에너지원, 1858~2020. 석유는 주로 수송용, 석탄과 천연가스, 재생에너지는 발전 용이었다.(U.S. EIA, *Annual Energy Review 2008*; EIA, *Annual Energy Outlook 2009*)

가스 발전이 그 자리를 차지하게 되었다. 그렇지만 원자력발전은 비싼 발전원으로 판명 났고 원자력으로의 전환은 중단된다. 반면 천연가스는 LCOE가 낮아서 선호하는 발전연료가 되었다. 21세기가 시작되기까지 부분적인 에너지전환이 있었는데, 처음에는 석탄에서 원자력으로, 그다음엔 천연가스로의 전환이 있었다. 그리고 화석연료와 원자력에서 가장 흔한 에너지인 태양광으로 가는 또 하나의 에너지전환이 수평선에 떠올랐다.

에너지전환: 과거로부터의 교훈

나무에서 석탄으로, 석탄에서 원자력 및 천연가스로의 전환을 보면 에너지전환에 관한 변하지 않는 교훈 네 가지를 얻을 수 있다. 무엇보다 중요한 첫 번째 교훈은 에너지전환의 핵심 동인이 기본적인 경제적 원리, 주로 비용이라는 것이다. 비용이 핵심인 이유는 한 가지 형태의 발전 방식이 다른 방식으로 대체될 수 있기 때문이다. 두 번째 교훈은 부분적으로 첫 번째 교훈과 모순되기는 하지만, 비용이 낮더라도 규제나 기존 체계의 지배력, 신기술의 불확실성으로 인해 에너지전환이 느리거나 지연될 수 있다는 사실이다. 빅토리아 시대 영국에서는 권력을 가진 귀족들이 새로운 값싼 에너지원을 탐탁스러워 하지 않아서 전환이 늦어진 바 있다. 세 번째 교훈은 와트의 증기기관이 석탄 전환을 촉진했던 것처럼 혁신, 특히 기술 혁신이 에너지전환을 촉발하거나 가속화할 수 있다는 점이다. 네 번째이자 가장 흥미로운 교훈은 에너지전환이 예측할 수 없지만 드라마틱한 물질적 결과를 가져온다는 점이다. 나무에서 석탄으로의 전환은 산업혁명을 견인했고, 드라마틱한 경제 성장과 인류 복지 향상이 뒤따랐다. 반면 이 전환은 인간에 의한 기후변화의 시발점이 되기도 했다. 긍정적이든 부정적이든 이런 결과에 대해서는 이 책의 끝에서 살펴볼 것이다.

3
진격의 재생에너지

    재생에너지를 이용해 발전하는 것은 과학자들의 오랜 열망이었다. 시장의 상업적 관점에서라면 이 목표는 달성되었는데, 2015년 연간 발전 설비 투자를 보면 재생에너지에 대한 투자가 화석연료의 두 배 이상이었다.[1] 전 세계에서 하루 동안 설치되는 태양광 패널 수는 놀랍게도 50만 개가 넘는다. 중국에서만 시간당 두 개의 새 풍력 터빈이 세워진다.[2] 미래도 밝다. 전문가들은 2017년에서 2040년 사이에 이루어질 신규 발전 설비 투자 10.2조 달러의 4분의 3을 재생에너지 플랜트가 차지할 것이라고 분석한다.[3] 과연 무엇이 재생에너지로 이끄는가? 답은 바로 가격 경쟁력이다. 이제 풍력 및 태양광 등의 재생에너지는 다른 발전 형태들과 가격 경쟁력을 갖추게 되었다. 어떻게 이렇게 되었는지를 다음 세 장에 걸쳐 설명한다.

재생에너지

사용해도 고갈되지 않는 에너지를 재생에너지라 한다. 풍력과 태양광, 수력, 조력, 지열발전 등이 있다. 식물로 만드는 바이오매스와 바이오 연료도 포함된다. 재생에너지는 모두 자연에서 생기며, 무궁무진하다.

수력 에너지

수력발전은 역사상 가장 중요한 재생에너지다. 산업혁명 시기 방직공장의 기계는 대개 수력으로 돌렸고, 최초의 수력발전소를 세운 것은 1882년이었다. 발전출력이 무려 1,345MW에 달하는 최초의 거대 수력발전 프로젝트였던 후버 댐을 콜로라도 강에 완공한 것은 1936년이었다. 수력발전은 2012년 중국의 싼샤 댐 건설로 새로운 이정표를 찍었다. 이 댐은 후버 댐의 16배에 달하는 방대한 규모로 발전 용량이 22,500MW이다. 120만 명을 영구적으로 이주시켜야 했다는 사실에서 이 댐이 얼마나 큰 규모인지를 가늠할 수 있다.[4]

싼샤 댐 이후 수백 개의 소형 프로젝트 외에 중국과 브라질에서 대형 프로젝트가 여럿 추진되었다. 그럼에도 수력의 잠재력은 제한적인데, 세계의 주요 강 곳곳에 댐이 들어섰기 때문이다. 수력발전은 159개 국가에서 "완전히 성숙한 기술"로 여겨진다.[5] 미국의 경우 수력발전의 정점은 1974년 발전 비율 20%를 기록한 것인데, 그 이

3.1 싼샤 댐(출처: 위키미디어 공용 라이선스)

후 정체 상태이다.[6] 세계 전체로도 수력발전의 발전 점유율을 보면 1974년의 20%가 최고였고, 그 후 싼샤 댐 등이 가동되었음에도 16% 정도로 감소했다.[7] 수력발전은 중요한 재생에너지로 살아남겠지만, 다른 발전 방식에 대한 비용 경쟁력을 유지하면서 확대될 가능성은 거의 없다.

　물로 발전하는 기술로는 조력발전과 파력발전도 있으나, 수력발전과 달리 이 둘은 아직 실험 단계에 있으며, 입지 제약이 많은 데다 비용도 비싸다. 이론적으로는 어떤 해안선에든 설치해서 거대한 바다로부터 전기를 뽑아낼 수 있다지만, 환경 규제와 수용성 갈등을 해결하고 적절한 입지를 찾기는 쉽지 않을 것이다. 현재 프랑스와 한국 두 나라만이 상용화 시도를 추진하고 있으며 세계 실적의 90%

를 차지한다. 오리건 주립대학의 연구에 따르면, 파력은 풍력보다 에너지 밀도가 더 높다는 장점이 있어서 전체 파력 에너지의 단 0.2%만 개발해도 지구 전체의 전기를 해결할 수 있다고 한다. 그러나 이런 가능성은 방정식의 일부일 뿐이다.[8] 조력발전이나 파력발전 모두 비용이 엄청나게 비싸서 실제 상용화를 위해서는 심각하게 높은 장벽을 넘어야 한다.

식물 에너지

인류는 초기부터 나무를 비롯한 바이오매스를 태워 에너지로 사용했다. 오늘날에도 나무는 많은 개발도상국에서 취사와 난방을 위해 사용하는 중요한 연료다. 목재 펠릿(우드 펠릿)은 난방용 연료로 사용할 수 있도록 나무를 펠릿 형태로 성형한 것인데 현대식 주택에도 쓰인다. 또한 몇몇 선진국은 바이오매스 발전으로 전력의 상당 부분을 해결하고 있다. 스웨덴은 국가 총 에너지 공급의 22%를 나무로부터 얻는다.[9] 그러나 나무는 대부분의 국가에서 비싸고 효율이 낮은 연료다. 화석연료보다 에너지 밀도도 낮고 운반비용도 많이 들며, 산림이 재생 가능하다지만 쉽게 황폐화되어 복구하기까지는 수십 년이 걸린다.

바이오매스를 태우는 대신 발효하여 에탄올이나 바이오디젤로 만들 수도 있다. 맥주를 양조하듯이 바이오매스를 발효하면 에탄올이 만들어지고, 화학 공정으로 바이오매스에서 식물성이나 동물성 지방을 추출하면 바이오디젤이 만들어진다. 에탄올은 가솔린을 직접 대체하거나 혼합해서 자동차 연료로 쓴다. 바이오디젤은 디젤 연료를 대체할 수 있다. 에탄올과 바이오디젤은 운송 부문에서 화석연료를 재생에너지로 전환하는 쉽고 확실한 기술이다.

바이오매스의 기술적 정의는 식물이나 동물, 즉 '바이오'로부터 비롯된다.[10] 어디서든 바이오매스를 바이오 연료로 바꿀 수 있다. 하지만 경제성이 현저히 떨어지는 것으로 판명되어 바이오 연료 생산을 늘리는 국가는 거의 없다. 옥수수와 사탕수수로 만드는 에탄올은 수송용 액체 연료로 쓸 수 있고, 석유류에 대한 수요를 일부 대체할 수 있다. 그러나 바이오 연료 생산에 필요한 바이오매스를 재배하려면 대규모의 농지와 물 그리고 다른 자원을 소모해야 한다. (역주: 심지어 대량의 에너지를 사용한다.) 세계 최대의 바이오 연료 생산국인 미국에서는 2011년 이후 재배한 옥수수를 식품이 아닌 바이오 연료용으로 더 많이 사용했다.[11]

더 나아가, 살아 있는 물질을 연료로 바꾸는 것은 비효율적이다. 세계자원연구소(WRI)는 "2050년에 전 세계 운송용 액체 연료의 10%만 대체하려고 해도 오늘날 전 세계가 연간 생산하는 농작물의 거의 30%가 필요할 것"이라고 추산한다. WRI 분석에 따르면 "사탕수수를 열대의 비옥한 땅에서 빠르게 재배해도 일사량의 0.5% 정도만 설탕이 되고, 최종적으로는 0.2% 정도만 에탄올이 된다"고 한다. 미국 다음의 바이오 연료 생산국인 브라질은 사탕수수 폐기물로 에탄올을 만든다. 하지만 WRI가 제시한 '최고의 조건'을 충족하는 브라질에서조차도 바이오 연료는 태양 에너지를 쓸 만한 에너지로 전환하는 효율적인 방법이 못 된다. WRI는 같은 면적에서 태양광발전 시스템으로 바이오 연료보다 백 배 이상의 에너지를 생산할 수 있다는 사실을 발견했다.[12]

바이오 연료는 목재 칩 같은 셀룰로오스나 해조류 및 수생생물로도 만들 수 있다. 2세대 바이오 연료로 불리는 이런 원료는 옥수수나 사탕수수보다 더 효율적인 재생에너지원이다. 그러나 불행히도 대규모 자본과 전문 인력의 투자에도 불구하고 이런 바이오 연료의 상업적 생산은 여전히 비현실적인 제안이다. 극적인 기술 혁신이 없다면 2세대 바이오 연료도 석유나 다른 화석연료와 비교해 경쟁력이 없다. 특히 세계 규모의 에너지 소비 차원에서 보면 더더욱 그렇다.

지열 에너지

지열 에너지는 지구 내부에 담긴 재생에너지로, 지구 탄생 때부터 지구 내부에서 생성된 열을 이용한다. 수력처럼 지열도 화석연료보다 가격 경쟁력이 있다. 하지만 역시 수력과 비슷하게 쉽게 이용할 수 있는 지열원에는 이미 발전소를 건설했기 때문에, 불행하게도 미래의 가능성은 제한적이다.

지열발전은 건설 가능한 지질 조건이 매우 까다로워서 전 세계 발전의 0.3%에 불과하다. 케냐처럼 세계 최대 지열발전소를 자랑하며 지열발전이 총 발전의 44%를 담당하는 나라도 있지만, 이는 몇몇 나라에만 해당하는 이야기다.[13] 지진 분석 및 필수적인 탐사 분석, 환경영향평가를 수행하고 발전 플랜트 건설에 대규모 자본 투자가 필요하기는 하나, 지열발전은 다른 어떤 에너지원보다 가장 저렴한 LCOE로 전기를 생산한다. 더 좋은 점은 지열발전은 믿을 수 있고 일관성이 있다는 것이다. 하지만 불행히도 가용성과 경제성 모두를 갖춘 지열발전 입지는 지구 상에 몇 곳이 안 된다.[14]

에너지전환을 위한 재생에너지

수력, 조력, 파력, 바이오매스 및 바이오 연료, 지열은 전 세계 곳곳에서 발전에 이용되거나 에너지로 사용되고 있으며, 모두 재생에너지다. 그러나 이들은 비싸거나, 성장 가능성이 제한적이거나, 또는 두 가지 단점을 모두 가지고 있기 때문에 화석연료를 대체할 가능성은 매우 낮다. 이런 에너지원들이 유용한 재생에너지를 제공해 주는 것은 맞지만, 현재의 가용 기술을 고려할 때 글로벌 에너지전환을 주도하는 데는 적합하지 않다.

결국 쓸 만한 재생에너지로는 두 가지, 풍력과 태양광만 남았다. 이 둘 모두 지구 어디서나 무한정 풍부하며 영원하다. 그리고 다음 장에서 살펴보겠지만 풍력과 태양광 모두 싼 에너지이다. 재생에너지가 여럿 있지만 이제부터는 풍력과 태양광에만 초점을 맞출 것이다. 이들만이 화석연료보다 저렴하고 지구적 규모로 성장할 수 있는 진정한 재생에너지이기 때문이다.

4
풍력발전

　인류가 처음으로 바람을 이용해 동력을 만들기 시작한 것은 기원전 200년경부터다. 고대 페르시아에서는 밀과 보리를 가공하기 위해 수직축 풍차를 사용했다. 미국의 풍차는 초기 이주민들이 시골 농장에 관개용수를 대기 위해 설치했고, 나중에는 가정용 및 사업용 동력을 쓰기 위해 건설했다. 저렴한 전기를 안정적으로 공급하는 근대 전력망이 농장에까지 들어오자 풍차 사용은 줄어든다.

　1973년의 세계 에너지 파동으로 많은 정부들이 다시 풍력터빈에 관심을 갖고 연구 개발을 하게 되었다. 1800년대 후반 풍력 기술의 개척자였던 과학자 폴 라쿠르 덕에 덴마크는 이 분야의 초기 리더였다.[1] 덴마크의 혁신가들은 라쿠르가 멈췄던 지점부터 다시 연구 개발을 하기 시작해 1979년 최초의 현대식 풍력터빈을 건설함으로써 터빈 개발 및 설치 산업에서 글로벌 리더십을 확보하게 된다.[2]

폴 라쿠르의 제자가 설계한 초기 풍차는 나무 프레임 날개와 알루미늄 합금판 외장으로 되어 있었다.[3] 현대적인 풍력터빈은 강철, 알루미늄, 탄소섬유 강화 유리 복합 재료, 우드 에폭시, 프리스트레스트 콘크리트, 자성 물질 등의 다양한 복합 재료로 만들어진다. 이렇게 복잡한 설계와 고성능 재료를 이용하는 이유는 단순한데, 오직 더 큰 풍력발전기를 세우기 위해서다.[4]

거거익선: 크면 클수록 좋다

풍력터빈은 바람이 가진 에너지로 전기를 만든다. 풍력발전기의 발전 능력은 터빈의 높이와 날개의 크기가 좌우한다. 바람으로부터 뽑아내는 에너지는 날개를 통과하는 풍속과 회전 면적의 함수다. 이중 속도가 중요한데, 풍력은 풍속의 세제곱에 비례하기 때문이다.

예를 들어, 풍속 20mph의 풍력은 10mph의 8배가 된다. 즉, 풍속이 두 배 증가하면 발전출력이 8배로 증가한다.[5] 높이가 중요한 이유는 높은 곳에서 풍속이 더 세기 때문이다. 더 높아야 더 강한 풍력으로 더 많이 발전할 수 있다. (역주: 공기 밀도에도 비례하지만, 같은 장소라면 공기 밀도는 비슷하다.) 풍력이 풍속에 비례하듯이, 회전 면적은 터빈의 날개 크기에 비례한다. 풍력터빈 날개 길이가 r 이면 회전 면적은 πr^2 이므로 결국 풍력발전기의 출력은 날개 길이의 제곱에 비례한다. 길이 12미터인 날개는 길이 6미터인 경우보다 회전 면적이 4배 더 커지고, 그만큼 출력이 높아진다. 결국 날개 길이가 두 배가 될 수 있도록 풍력터빈의 높이를 높여야 회전 면적과 발전출력을 네 배로 키울 수 있다. 또한 풍력터빈을 높이면 풍속도 더 빨라진다. 결과적으로 더 높이 세워 더 긴 날개를 달면 발전출력을 드라마틱하게 키울 수 있다.

당연히 현대 풍력발전기의 역사는 더 크고 더 높은 풍력터빈의 역사 그 자체이다. 1980년대에 개발된 터빈은 직경 15미터의 로터로 50kW 출력을 내 약 10가구의 전기 수요를 감당했다. 2005년에는 혁신적인 재료와 기술로 로터 직경을 124미터로 키운 풍력터빈을 건설할 수 있게 되었다. 이 터빈은 약 1,000가구에 전력을 공급할 수 있는 5,000kW(또는 5MW)의 전력을 생산할 수 있다. 더 큰 터빈을 만들어낸 기술의 혁신과 발전은 발전량을 수백 배로 증가시켰

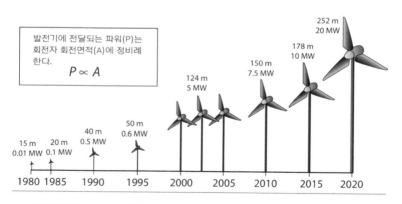

4.1 풍력터빈의 크기와 출력(출처: 유럽풍력협회, *Wind Energy-the Facts: A Guide to the Technology, Economics, and Future of Wind Power, 2009*)

다.[6] (역주: 덴마크 베스타스 사의 발전출력 15MW인 풍력터빈은 높이 260미터, 날개 길이 116미터로, 풍력터빈 한 기로 2만 가구에 전력을 공급할 수 있다.)

풍력의 경제학

풍력발전단지 건설과 운영의 경제성은 주로 풍력터빈 구입비와 설치비, 그리고 전력망에 연결하는 접속설비 구축비에 의해 결정된다. (역주: 풍력발전은 대부분 경제성을 고려해 단독이 아닌 여러 풍력터빈을 단지 형태로 건설한다.) 풍력터빈 자체에 가장 큰 자본이 투입된다. 터빈은 타워, 타워 상부에서 구성 장비를 수용하는 나셀, 그리고 회전 날개로 구성된다. 타워는 단순한 기둥 구조로 강철로 만든다. 나셀은 큰 폭으로 변하는 풍속과 풍향의 변화에 대응해서 최적의 발전을 수행할 수 있도록 복잡하고 다양한 설비 부품으로 구성된다. 최신형 풍력터빈은 발전을 최대화하기 위한 첨단 기어 시스템과 회전 날개가 항상 바람의 방향을 향하도록 하는 능동 제어 시스템을 사용한다. 제동 시스템은 태풍처럼 과도하게 강한 바람이 불 때 터빈의 손상을 방지한다. 회전 날개는 당연히 바람으로부터 에너지를 취하는 핵심 구성요소다. 현대적인 풍력터빈 날개는 첨단 복합 소재로 만들어 가볍고 내구성이 뛰어나서 가능한 한 많은 에너지를 변환하면서도 큰 폭의 풍속 변화에 견딜 수 있다.

풍력터빈은 구성 부품이 엄청나게 커서 공장에서 설치 현장까지 운반하는 일이 매우 어려울 수 있다. 그래도 설치 자체는 아주 단순하다. 점보제트기보다 훨씬 큰 대형 풍력터빈을 운반하기 위해서는 대형 구조물 운반 전용 트럭이나 선박이 사용된다. 터빈이 현장에 도착하면 그다음은 간단하다. 강철 콘크리트 기초 위에 터빈을 세운 후 전력망에 연결하면 된다. 이 연결을 접속이라 하는데, 접속에 드는 비용은 풍력발전단지를 송전선까지 연결하는 거리에 따라 달라진다.

풍력터빈의 설비 용량은 정격출력(Rated Power Output)으로 나타내는데, 이는 발전 가능한 최대 전력으로 단위는 메가와트(MW)다. 최근 풍력발전단지에 건설되는 터빈의 정격출력은 1~8MW 수준이다. (역주: 2021년 세계 최대 풍력발전기는 정격출격이 15MW에 이른다.) 풍력터빈에서 발전하는 전력량은 정격출력(메가와트)에 작동 시간을 곱한 값이다. 물론 풍력터빈은 풍속이 날개를 돌릴 수 있을 만큼 강할 때만 발전할 수 있는데, 보통 최저 풍속 7mph 이상에서 발전한다.[7]

설비 이용률(Capacity Factor)은 설비 용량 혹은 정격출력으로 최대한 발전할 수 있는 전력량 대비 실제 발전한 발전량의 비율이다. 이 값이 풍력발전단지의 경제성을 좌우한다. 육상 풍력발전단지의 평균 설비 이용률은 35% 수준이며, 이는 실제 발전한 평균 출력이 정격출력의 35%임을 의미한다.[8] 연평균 풍속이 정격출력의 35%로 날개를 돌릴 수 있을 만큼 센 것이다. 가령 설비 이용률이 35%인 정격출력(설비 용량) 5MW인 풍력터빈은 연간 15,330MWh의 전기를 발전한다.[9] 해상 풍력은 육상 풍력보다 풍속이 더 높고 안정적이기 때문에 설비 이용률이 더 높다.(역주: 해상 풍력이 육상 풍력보다 더 많은 투자가 필요함에도 해상 풍력을 추진하는 이유이다.) 풍력발전

4.2 미국 캔자스 주의 스모키힐스 풍력발전단지(출처: 위키미디어 공용 라이선스)

단지 운영비는 주로 터빈 입지의 임대료, 운영 및 유지 보수 비용이다. 풍력터빈은 고도로 자동화되어 운영비는 거의 들지 않지만 유지 관리 비용은 들 수 있다. 풍력터빈의 설계 수명은 20년 이상이지만, 기계 장치라서 부품이 결국 소모된다. 최초의 현대식 풍력터빈은 기어 박스가 자주 고장 나 수리 비용이 꽤 들었다. 그 후 엔지니어링 설계를 개선해서 기어가 없는 터빈이 나와 이전 모델보다 신뢰성이 높아졌고 유지관리 비용도 적게 든다.[10]

1980년대와 1990년대에 세워진 풍력발전단지의 경제성은 애처로울 정도였다. 풍력터빈이 소형이라 정격출력이 낮았기 때문에 풍력터빈의 자본 비용이 커서 풍력발전단지 건설비가 많이 들었다. 더구나 정격출력이 낮으니 발전량이 미미했다. 초기 풍력발전단지의 LCOE는 석탄 화력, 원자력 및 가스 발전 같은 전통 발전보다 높아서 경쟁력이 없었다.

정부의 보조금 지원 정책은 풍력 개발자들이 풍력발전단지를 건설하도록 장려했고, 이것이 풍력터빈에 대한 수요를 창출했다. 정부가 지원하는 인센티브는 풍력발전의 낮은 경제성을 보완해서 터빈 제조업체와 프로젝트 개발자가 풍력발전 프로젝트를 추진할 수 있게 해줌으로써 전환점을 만들었다. 결과적으로 풍력산업의 전문성이 축적되었고, 비용이 낮아져 더 많은 풍력발전 프로젝트가 추진되었다. 그러나 풍력발전 기업들은 정부 보조금 정책이 언젠가는 중단될 것을 알고 있었다. 그래서 풍력발전의 낮은 경제성을 극복하고 전통적인 발전 형태와 경쟁할 수 있도록 풍력의 LCOE를 낮추는 데 집중했다.

풍력의 LCOE 하락

풍력발전의 물리학은 더 크고 더 효율적인 풍력터빈 개발로 이끈다. 하지만 큰 것이 좋은 것은 발전 비용이 더 저렴할 때만 맞는 이야기다. 따라서 현대의 풍력 산업은 다른 발전과 경쟁 가능한 수준으로 LCOE를 줄이고자 끊임없는 노력을 기울였다. 그 결과 풍력발전의 LCOE는 1980년대 MWh당 평균 500달러이던 것이 2017년에는 45달러로 하락했다.[11] 풍력터빈 발전 전기가 90% 이상 싸져서 석탄, 원자력 및 가스 화력보다 경쟁력을 갖게 되었다. 이게 어떻게 가능했을까?

학습곡선

생산량이 증가하면서 점점 비용이 절감되는 과정을 학습곡선이라한다. 이것이 풍력을 포함한 여러 재생에너지 발전의 성장을 설명하는 핵심 경제 개념이다. 학습곡선은 생산량이 늘어남에 따라 성능을향상시키거나 제품 비용을 절감하는 산업 전체의 능력을 나타낸다.학습곡선 이론은 산업 내 숙련도 증가로 지속적인 성능 향상 또는비용 절감이 가능하다는 것이다. 가장 유명한 사례가 무어의 법칙이다. 인텔의 공동 설립자인 고든 무어는 2년마다 컴퓨터 칩의 용량이두 배 증가할 것이라고 예측했는데, 이는 곧 40%의 학습곡선을 의미한다. 이 예측은 50년 동안 대략 사실로 입증되었다.[12]

재생에너지 산업에 학습곡선 이론을 적용하면 소요 시간을 예측했던 무어의 법칙과 달리 단순하게 생산량 대비 기술 향상의 비율을보여준다. 즉, 재생에너지에서는 총 설치 용량이 두 배로 증가할 때마다 낮아지는 LCOE의 비율을 평가한다.

사실 풍력터빈 제조업체와 풍력발전 개발자는 끊임없이 생산 기술을 개선하고 신기술을 적용하며 규모의 경제를 활용한다. 그리고개발 경험이 거듭될 때마다 비용을 줄이고 발전량을 늘려 LCOE를줄이는 방법을 배운다. 풍력터빈 설치 용량은 4~5년마다 두 배씩 증가해왔으며, 생산량이 증가함에 따라 비용은 계속 낮아졌다.

예를 들어, 2011년과 2016년 사이[13] 풍력터빈의 총 설치 용량은238GW에서 487GW로 약 두 배가 되었는데,[14] 이 기간 동안 풍력의 평균 LCOE는 MWh당 71달러에서 47달러로 떨어졌다.[15] 이는 이 기간 중 학습곡선이 34%였다는 것으로, 풍력발전이 두 배 늘어나면 LCOE가 34% 낮아진다는 의미다. 유럽과 미국의 풍력 산업에 대한 학습곡선 연구에서 유럽의 학습곡선이 중요한 의미를 띤다는 사실이 확인되었는데, 미국보다 약간 낮은 수준이며 대략 11~19% 사이라는 것이 밝혀졌다.[16]

학습곡선은 풍력이나 태양광 산업과 같은 신산업을 위한 선순환을 만든다. 선순환은 다음과 같이 작동한다. 판매가 증가할 때마다 생산량이 증가하고, 제조업체는 경험을 통해 학습하고 비용을 낮춘다. 낮아진 비용은 판매 및 생산을 더 늘리고, 이것이 비용을 훨씬 더 낮추면서 풍력발전의 LCOE를 끊임없이 하락시킨다.

풍력발전의 LCOE가 꾸준하게 낮아지면서 풍력발전 프로젝트는 급속하게 성장했다. 다행히도, 전통적인 농장이 현대의 풍력발전소(풍력 농장)에 이상적인 입지를 제공한다.

풍력 농사

현대식 풍력터빈에 가장 좋은 입지는 농지다. 농지에 풍력터빈을 설치하면 풍력발전 사업자에게 농지를 임대해주는 농부의 소득이 증가한다. 풍력터빈은 대당 50~100에이커(6~12만 평)의 입지가 필요한데, 이는 터빈 간의 바람 흐름에 간섭이 일어나지 않도록 터빈 간격을 멀리 떨어뜨려야 하기 때문이다.[17] 생각보다 면적이 넓어 보이지만 실제로 풍력터빈을 세우는 기초 부분은 면적이 작다. 가장 큰 풍력터빈도 기초 부분은 1에이커(약 1,200평)보다 작다. (역주:

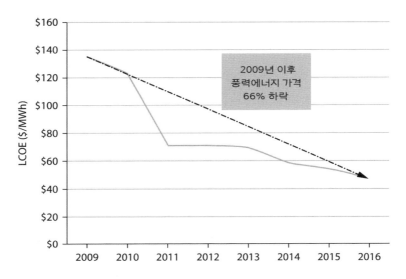

4.3 풍력 전기의 균등화 발전 비용(마이클 오보일, "풍력과 태양광이 가장 저렴한 전기다. 이제 무엇을 할까?" 미국전력계획, 2016년 12월 21일. 라자드 투자은행 자료, 『에너지 균등화 비용 분석 10.0』)

국내 육상 풍력의 경우 이격 거리를 300~500m 정도 두고 있어 대형 터빈을 설치해 숫자를 줄이면 소요 면적도 감소하게 된다. 국내에서 3.5MW급 풍력터빈을 설치할 때 실제 필요한 면적은 평균 1,800m², 약 540평 정도다. 저자는 입지 면적을 실제보다 2배 이상 크게 표현하고 있다.) 그래서 풍력발전에 농지를 임대해주더라도 농부는 가축 방목이나 작물 재배 등을 계속할 수 있다. 미국의 농부들은 풍력터빈용 농지를 임대하는 것으로 연간 터빈당 7천 달러에서 1만 달러를 벌고 있는데,[18] 이는 농사만 지을 때보다 훨씬 큰 소득이다.[19] 풍력터빈으로부터 받는 임대 수익은 농산물의 가격 변동성을 완충해서 농가 소득의 안정성을 강화한다. 보통 임대소득은 20년 이상 고정적으로 벌리기 때문이다. 풍력발전소를 위한 최적의 입지는 소득 증대가 가장 절실한 지역이기도 해서, 미국 풍력발전소의 70%가 저소득 농촌 지역에 있다.[20] 또한 풍력발전으로 인한 지가 상승으로 주정부 및 지방 자치단체의 세수도 늘어난다. 아이오와 주의 한 농부는 "이것이 우리 재산의 미래다"[21]라고 이야기한다. 그러나 풍력발전에도 어려움이 있다. 가장 큰 어려움은 간헐성이다.

풍력 전환을 위한 과제

풍력터빈은 회전 날개에 충분한 바람이 있어야만 발전할 수 있다. 일반적인 풍력터빈에는 최소한 풍속 7mph 이상의 바람이 있어야 한다.[22] 풍속이 낮으면 발전이 안 되며, 보통 풍속에서도 발전이 좋지 못하다. 그래서 미국의 풍력발전 용량 계수는 평균 35% 수준이다.[23]

심지어 서부 텍사스나 북해와 같이 바람이 가장 좋은 곳에서도 용량 계수는 50% 미만이며, 이는 풍력터빈이 발전하는 시간이 하루를 통틀어 12시간도 채 안 된다는 의미다. 게다가 발전이 균일하지 않아서, 매 시간 또는 분 단위로 변할 수 있다. 이런 풍력발전의 특성을 간헐성이라 한다. 바람이 불 때만 발전하는 것이다. 이는 화력발전, 원자력, 수력발전의 발전 방식과 비교된다. 이런 발전은 필요할 때 언제든 전기를 생산할 수 있는데, 이를 급전 가능 발전이라 한다. 풍력발전의 간헐성은 전력망에서 풍력의 비율이 낮을 때는 사소한 문제에 불과하지만, 발전 비중이 증가하면 심각한 난제가 된다. 이러한 간헐성 및 그 해결책에 대해서는 10장에서 더 깊이 설명할 것이다.

풍력발전단지 건설에는 터빈 설치에 필요한 입지 확보 문제와 발전 전력을 전력망에 전송하기 위한 접속 설비 문제도 뒤따른다. 전기요금을 줄이고 클린 에너지를 원하는 소비자와 소규모 토지를 임대해 소득을 늘리려는 농부 및 지주에게 풍력은 환영받는 존재다. 그러나 그들의 이웃까지 항상 호의적인 것은 아니다. 님비(NIMBY, Not-in-my-back-yard) 현상은 풍력발전단지 개발에 따르는 고질적인 어려움이다.

케이프 풍력 프로젝트는 전형적인 님비 사례이다. 이 프로젝트는 2001년 매사추세츠 주 케이프코드 유권자 55%의 찬성표와 대다수 지역 신문, 선출직 공무원 및 시민 단체의 지원을 받아 시작되었다.[24] 그러나 소수의 부자들이 풍력발전이 전망을 해치고 재산 가치를 훼손한다며 반대하고 나섰다. 전직 유명 뉴스 앵커이자 고급 휴양지 마서스 비니어드의 주민인 월터 크롱카이트도 초기부터 풍력발전 프로젝트를 거부하며 "하려거든 다른 곳에서 하라"고 반대했다.[25] 케이프 풍력 프로젝트는 결국 이를 거부하는 소수의 지역 주민들로 인해 17년 이상 지연되었으며 결코 완성되지 못할 운명이 되었다. 이것은 풍력발전에 대한 님비주의로 인한 어려움을 보여주는 단적인 사례다.

풍력발전에 따르는 또 하나의 어려움은 발전 전력을 전력망으로 전송하기 위한 접속 설비를 구축하는 것이다. 대부분의 전력망은 주택과 기업이 많은 곳에 있다. 반면에 풍력발전의 최적 입지는 바람이 좋은 곳이며 대부분 인구가 많은 곳과는 먼 거리에 있다. 미국에서 바람이 가장 많이 부는 주는 네브래스카, 캔자스, 사우스다코타와 노스다코타 등이며, 모두 인구 밀집지가 거의 없다.[26] 유럽에서 바람이 가장 많이 부는 지역은 심지어 북해다. 이런 경우 풍력발전소는 소비지로 전력을 전송하기 위한 송전선을 새로 건설해야 한다. 송전선 건설비는 상당히 비싸다. 발전소에서 소비지까지의 거리가 증가함에 따라 전력 손실도 증가하며, 전기의 가격이 비싸진다.

이런 어려움에도 풍력발전은 빠르게 성장했다. 풍력터빈은 점점 더 흔하게 보인다. 때때로 이웃이 풍력발전 개발을 지연시키고 접속 선로 건설비로 인해 원격지 개발이 막히는 경우가 있어도, 풍력발전의 경제학은 점점 더 높은 수익으로 결국 이런 장벽을 모두 극복하게 해준다.

21세기의 풍력발전

풍력터빈으로 전기를 생산하는 풍력발전은 점점 더 경쟁력이 커질 것이다. 목표 달성을 위해 정부가 제공하는 인센티브와 끊임없는 기술 혁신이 결합해 비용 절감, 수요 증가, 그리고 LCOE의 지속적인 감소라는 선순환을 이뤄냈다. 제조 기업과 개발자의 학습곡선은 풍력발전의 LCOE를 지속적으로 낮춰 전통 발전에 대한 풍력발전의 비용 경쟁력을 인정사정없이 키우고 있다. 그리고 그 결과는 인상적이다. 2015년에 풍력발전은 미국 총 발전량의 5%, 유럽은 10%를 차지했는데, 불과 10년 전만 해도 0에 가까웠다.[27]

5
태양광발전

태양은 지구를 따뜻하게 하고 생명이 있게 하는 모든 에너지의 원천이다. 햇빛은 광합성을 통해 식물 속에 에너지로 변환되어 축적된다. 이 초목을 태우거나, 혹은 오랜 지질학적 과정을 거쳐 화석연료로 변한 유기 물질을 연소하면 에너지를 간접적인 방식으로 회수할 수 있다. 태양광은 단 90분 만에 지구 상의 인류가 1년 동안 소비하는 에너지를 제공할 수 있다.[1] 태양 에너지를 직접 활용하는 것은 과학자들의 당연하고 오랜 꿈이었다.

1905년 알베르트 아인슈타인은 광전 효과에 대한 첫 논문을 발표하여 빛은 에너지 패킷들로 구성된다고 하면서 이를 광자(光子, Photon)라고 명명했다. 이 논문에 따르면 금속에 광자를 쬐면 전자

5.1 알베르트 아인슈타인(출처: 위키미디어 공용 라이선스)

가 방출되고, 이를 모아 전기로 쓸 수 있다. 당대의 근본을 흔든 이 이론은 무명의 아인슈타인을 유명하게 만들어주었고, 양자 이론으로 나아가는 기초가 되었다. 이 논문으로 아인슈타인은 나중에 노벨 물리학상을 받았다. 그리고 반세기 후에 벨연구소의 과학자들이 최초의 기능성 태양광 전지를 개발한다. 이것에 대해 「뉴욕타임스」는 "새로운 시대의 시작이며, 문명을 위해 태양을 영원한 에너지로 쓰게 될 것"이라고 칭송했다.[2]

최초로 태양광 패널을 적용한 것은 1958년 미국에서 발사한 뱅가드 1호 위성이다. 이 태양광 패널은 고작 20일 정도 버티던 기존 배터리보다 훨씬 더 긴 7년 동안 무사히 작동했고, 이것은 상서로운 출발이 되었다.[3] 이후 NASA는 모든 위성과 우주선에 태양광 패널을 사용한다. 이처럼 우주에서는 태양광 패널이 번성했지만, 지구에서는 아직 실용화하기엔 너무 비싼 기술이었다.

그러나 지구에서도 태양광 에너지가 느리지만 확실하게 나아가기 시작했다. 특히 우주와 유사한 환경인 극지용 장비나 시추 설비, 외딴 섬 등에서 퍼져나갔다. 1970년대 후반에 닥친 에너지 위기로 기업들은 저렴하고 고성능인 태양광 제품을 개발하는 데 눈을 돌렸다. 그런데도 태양광 부문의 성장은 더뎠다. 20세기 말까지만 해도 전 세계 태양광발전 시스템의 설비 용량은 다 합쳐서 1GW에 불과했다. 발전량은 화력발전소 한 개 정도다. 아인슈타인이 광전 효과를 발표한 지 거의 한 세기가 지나서도 태양광발전은 여전히 틈새 분야 몇 곳에 국한되었다. 이유는 간단했다. 비용 때문이었다.

태양광발전의 경제학

빛으로 발전하는 데 필요한 소재는 풍부하고 저렴하다. 다만 제조 공정이 복잡하고 비용도 꽤 든다. 태양광발전 시스템은 여러 패널 또는 모듈로 만들어지며, 각 패널은 다수의 셀로 구성된다. 빛에서 전기를 만드는 태양광발전은 반도체인 태양광 셀이 빛을 전기로 변환하는 것이다. 태양광 셀은 대부분 실리콘으로 만드는데, 실리콘은 지구 상에 가장 풍부한 물질 중 하나다. 컴퓨터에 쓰는 반도체 칩도 실리콘으로 만든다. 빛이 실리콘 반도체에 흡수되면 광자의 에너지가 전자를 움직이게 하고, 이것이 태양광 셀과 도체를 따라 흘러 전류가 된다. 태양광 시스템은 실리콘이 아닌 카드뮴 텔루라이드와 같은 다른 반도체로 만들 수도 있다. 그러나 PV 패널의 90%는 실리콘을 사용한다.

태양광 전지에 도달하는 모든 햇빛이 전기로 변환되는 것은 아니다. 에너지 변환 장치에 입력된 에너지와 출력된 에너지의 비율을 변환 효율이라 하는데, 태양광 패널의 최대 변환 효율은 이론상

29%지만 실제로 달성한 가장 높은 수치는 26.3%이다.[4] 보통 사용하는 태양광 패널의 변환 효율은 20% 초반으로 낮다. 변환 효율이 높으면 더 많은 발전을 할 수 있지만 제조비용이 비싸지기 때문에 실제로 사용하는 것은 이 정도 수준이다.

태양광발전 패널 제조비용은 와트당 달러로 나타낸다. 예를 들어 제조비용이 600달러인 패널이 발전출력 200W라면 비용은 와트당 3달러이다.[5] 사실 와트당 비용이 가장 중요한 경제적 척도는 아니다. 풍력발전과 마찬가지로 균등화 발전 원가(LCOE)가 실제로는 가장 중요하다. 태양광의 LCOE는 PV 시스템 설치에 드는 자본 비용, 시스템 수명 기간 동안의 운영비, 예상 발전량, 프로젝트 자본 조달 비용 등을 반영하여 계산한다.

자본 비용에는 패널 비용과 주변 장치(BoS, Balance of System) 비용이 포함된다. 패널을 고정하는 마운팅 랙, 직류(DC)에서 발생하는 전기를 교류(AC)로 변환하는 인버터, 배선 케이블 및 모니터 등이 주변 장치다. 자본 비용은 정부 보조금이나 인센티브를 활용할 수 있으면 절감되는데, 이는 다음 장에서 더 자세히 살펴볼 것이다. 태양광 시스템 비용의 50% 이상을 BoS 비용과 설치 인건비가 차지하고, 나머지 50% 정도를 PV 패널이 차지한다.[6]

PV 시스템은 움직이는 부분이 없어서 30년 이상 사용할 수 있고, 운영비가 매우 낮다. 운영비 중 가장 큰 부분은 입지 비용으로, 대부분 태양광 패널을 설치한 옥상이나 토지 임대료다. PV 시스템을 주택이나 건물에 소형으로 설치할 경우 비용이 들지 않지만, 농지나

야산에 대규모로 설치하는 태양광 프로젝트는 상당한 임대료가 든다. 토지를 농사나 다른 용도로 쓸 수 없기 때문이다.

태양광 산업 초기 패널을 주로 NASA의 우주선에 사용할 때는 와트당 비용이 100달러 이상이었다. 이것을 2000년에는 5달러로 낮췄으니 훌륭한 비용 절감이긴 하나,[7] 이런 정도로도 특수 용도가 아닌 일반 발전용으로는 LCOE 경쟁력을 갖출 수 없었다. 그러나 PV 패널 가격이 하락할 때마다 사용 분야도 늘어났고 패널 생산도 확대되었다. PV 패널 생산이 증가하자 비용도 더 낮아졌고, 선순환이 이루어졌다. 2017년에는 태양광 패널 생산 비용이 와트당 0.29달러로 곤두박질쳤으며, 이는 불과 17년 만에 94%나 하락한 것이다.[8] 패널 가격의 폭락은 태양광발전의 LCOE를 크게 낮춰 다른 화석연료 발전들과 경쟁할 수 있게 해주었다. 이번에도 학습곡선이 전환의 열쇠였다.

태양광발전의 학습곡선

학습곡선은 생산량 증가에 따라 산업이 제품의 성능을 향상시키거나 비용을 낮추는 능력을 나타내며, 누적 생산량을 두 배로 늘릴 때마다 낮아진 가격을 백분율로 표시한다. 태양광 패널 제조 기업인 선파워 사의 설립자인 리처드 스완슨은 누적 생산량이 두 배 증가할 때 태양광 패널 생산비는 약 20% 감소한다는 사실을 발견했다.[9] 이를 '스완슨의 법칙'이라 한다.

다양한 연구를 통해 태양광 시스템에 관한 스완슨의 법칙이 잘 들

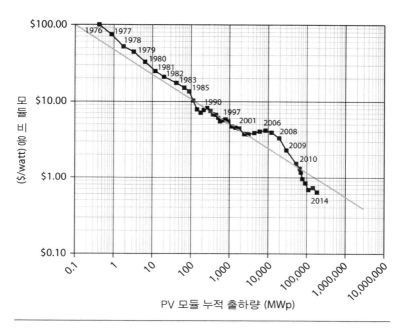

5.2 '스완슨 법칙'이라 불리는 태양광발전의 학습곡선(출처: 위키미디어 공용 라이선스)

어맞는 것으로 확인되었다. 학습곡선은 평균적으로 23%였고,[10] 태양광 시스템에도 잘 들어맞는 이유는 규모의 경제, 변환 효율 향상, 제조 공정 개선 등이었다.

태양광발전의 LCOE

스완슨의 법칙은 태양 에너지의 LCOE에 대한 중요한 함의를 띤다. 태양광 산업이 성장하면서 태양광 패널 가격이 하락했고, 패널이 프로젝트 투자비의 절반을 차지하니 전체 LCOE도 하락했다. 그러나 PV 패널의 가격 하락은 전체 이야기의 일부일 뿐이다. 태양광의 LCOE를 이해하려면 우선 다양한 종류의 시스템을 알아야 한다.

태양광발전은 분산 전원 방식이라고 하는데, 장소와 규모를 따지지 않고 설치할 수 있기 때문이다. 패널 한 장에서 수천 장까지 원하는 규모로 설치할 수 있고, 거의 모든 곳에 설치할 수 있다. 태양광 시스템은 휴대용 계산기에서 집, 건물 전체, 심지어 도시까지 거의 모든 것에 전력을 공급할 수 있다. 이것은 토머스 에디슨이 개발하고 펄 스트리트 발전소에서 사용했던 전통적인 중앙집중식 발전과는 대조적인 방식이다. 집중식 발전은 대형 발전소로 발전한 후 전력망을 통해 다수의 소비자들에게 전기를 공급한다. 반면 분산형 발전은 집중식보다 설계상의 유연성이 훨씬 뛰어나 범주가 다른 여러 가지 태양광 프로젝트를 가능하게 한다.

태양광 시스템은 보통 주택용, 상업용, 유틸리티용의 세 가지로 분류된다. 네 번째인 오프그리드(off-grid)용은 전력망에 접속하지 않는 태양광 시스템으로 주로 개발도상국에서 사용된다.(역주: 개발도상국은 정전이 잦아서 오프그리드 방식이 유용하다.)

주택용 태양광은 개별 주택에 태양광 패널을 설치해 발전하고 스스로 소비한다.(주택용으로는 태양열로 온수를 만드는 방식도 있는데, 이는 전기를 만드는 태양광발전과 전혀 다르게 열을 만드는 기술이다.) 주택용 태양광에는 평균 20개의 250W 패널이 설치되고, 발전출력 5kW로 전력을 생산한다. 이는 미국이나 유럽 주택의 평균적인 전력 수요를 공급하기에 충분한 수준이다.[11]

주택용 태양광은 발전한 전력을 배전망으로 보내지 않고 소비자 스스로 사용하기 때문에 비가시 태양광(BTM, Beyond The Meter)이라 부른다. 이 비가시 태양광이 주택에서 사용하는 것보다 더 많이 발전하면 과잉 전력이 생기고, 이것이 역류해 미터기를 통해 배전망으로 유입된다.(역주: 이를 역송전력이라 한다.) 대부분의 경우 주택용 태양광 시스템에서 역송전력이 생기면 전력망 운영자 또는 유틸리티는 그에 상응하는 요금 감면(요금 정산)을 해준다. 이를 넷미터링(Net Metering)이라고 한다. 개개의 주택용 태양광은 크기가 작지만 전 세계적으로 가장 수가 많은 태양광 시스템이다.

태양광발전의 약 4분의 1이 주택용 태양광에서 발전된다.[12] 상업용 태양광은 건물이나 기업에 전기를 공급하는 시스템이다. 주택용과 마찬가지로 상업용도 대부분 건물 옥상에 위치하지만 때때로 건물 옆 입지 공간에 설치하기도 한다. 상업용 태양광 규모는 평균 500kW 정도로 약 2천 개의 패널이 설치된다.[13] 상업용 태양광도 주거용과 마찬가지로 비가시 태양광이며 발전 전력은 소비자가 사용한다. 하나의 상업용 태양광이 발전하는 전기를 같은 건물에 사는 여러 세입자나 사업체가 공유하는 방식도 있다. 주택용처럼, 세계 태양광발전의 약 4분의 1이 상업용 태양광발전이다.[14]

유틸리티용 태양광은 배전망에 전력을 판매하기 위한 목적으로 운영하는 대용량 시스템이다. 유틸리티용 태양광발전은 패널을 지상에 설치하는데, 보통은 들판에 설치한다. 유틸리티용이 얼마나 큰지를 설명하자면, 작은 것도 규모가 1MW 정도라서 4천 개의 패널을 7에이커(약 8400평)의 땅에 설치한다. 현재까지 건설된 최대 규모의 프로젝트는 수백만 평의 땅에 수백만 개의 태양광 패널을 설치했다.

유틸리티 규모의 태양광 프로젝트도 보통은 태양광 패널을 사용하지만, 이와는 전혀 다른 기술인 집광형 태양열 발전(CSP, Concentrated Solar Power) 방식으로 건설할 수도 있다. CSP 태양열 발전소는 다수의 거울이나 반사 렌즈를 이용해 한 지점에 태양열을 집중시켜 증기를 만들고 이를 이용해 증기터빈을 돌려 발전한다. 수십 개의 대규모 CSP 프로젝트가 구축되었으며 주로 스페인과 미국에서 운영되고 있다.[15] 그러나 집광형 태양열 발전은 점점 쇠퇴하고 있는데, 태양광발전보다 발전 비용이 훨씬 더 높아 LCOE 기준으로 경쟁

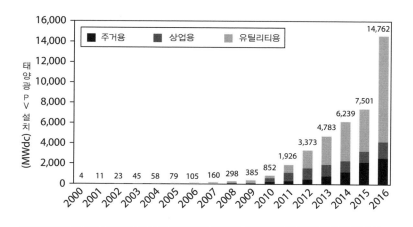

5.3 미국의 연간 태양광 PV 설치(GTM 리서치 & 미국태양에너지산업협회, 『태양광 마켓 인사이트 보고서: 2016년 리뷰』)

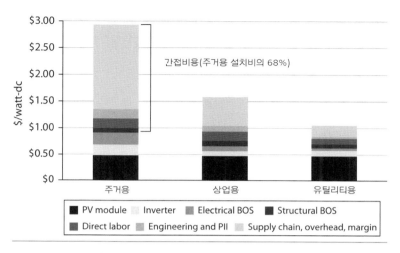

간접비용(주거용 설치비의 68%)

$/watt-dc

주거용 상업용 유틸리티용

■ PV module　░ Inverter　■ Electrical BOS　■ Structural BOS
■ Direct labor　▨ Engineering and PII　░ Supply chain, overhead, margin

5.4 태양광 PV 가격(GTM 리서치 & 미국 태양에너지산업협회, 『태양광 마켓 인사이트 보고서: 2016년 리뷰』)

력이 떨어지기 때문이다.[16]

세 가지 태양광발전 방식(주거용, 상업용, 유틸리티용) 모두 똑같은 패널을 쓴다. 차이는 설치되는 패널의 수와 설치 장소(지붕인지 지상인지) 정도이다.

패널 비용과 주변 장치(BoS) 비용 외에 태양광 프로젝트에는 소프트 비용도 든다. 입지 확보를 위한 소싱 및 계약 비용, 인허가비, 간접 인건비, 오버헤드 및 이익 등이 포함된다. 놀랄 것도 없이, 주거용 태양광은 가구마다 별도의 계약, 허가 등이 수반되며 규모의 경제 효과가 없어서 비용이 많이 든다. 위 〈태양광 PV 가격〉 그래프를 보면 태양광 프로젝트의 총비용이 프로젝트 성격에 따라 크게 달라지며, 주택용 태양광의 와트당 비용이 유틸리티용 프로젝트의 거의 3배에 달함을 알 수 있다. 유틸리티 규모의 태양광 프로젝트는 주택용이나 상업용보다 월등한 규모의 경제가 발생한다.

태양광 패널 가격이 급격하게 하락하면서 태양광발전 산업 전체의 비용도 크게 낮아졌다. 유틸리티급 프로젝트의 LCOE는 보조금이 없어도 불과 7년 만에 85%나 하락했다. 이는 수요 증가가 생산증가와 학습곡선 적용으로 이어진 결과로 태양광 패널 제조비용, 주변기기 비용은 물론 설치비용까지 낮추게 된 것이다.[17] LCOE가 하

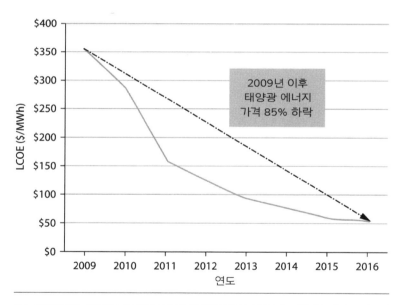

2009년 이후
태양광 에너지
가격 85% 하락

5.5 유틸리티급 태양광 프로젝트의 균등화 발전 비용(마이클 오보일, "풍력과 태양광이 가장 저렴한 전기다. 이제 무엇을 할까?" 미국전력계획, 2016년 12월 21일. 라자드 투자은행 자료, 『에너지 균등화 비용 분석 10.0』)

락하면서 수요가 증가하고 선순환 사이클이 다시 시작되면서 지난 10년간 태양광 시장은 매년 68%씩 성장했다.[18]

태양광발전의 얼리어답터들은 주로 환경적 관심, 분산 발전 선호, 그리고 에너지 자립에 대한 열망 때문에 태양광발전에 관심을 두었다. 오늘날의 소비자는 주로 비용이 저렴해서 태양광발전을 선택한다. 여러 나라에서 태양광발전이 다른 어떤 발전보다 저렴하다는 것을 집주인, 기업, 유틸리티 모두가 안다. 이것이 태양광으로 전환하도록 하는 동력이다.

태양광은 어떻게 화석연료에 대해 가격 경쟁력을 갖게 되었는가? 주로 스완슨의 법칙이라고 불리는 학습곡선 적용으로 태양광발전의 LCOE를 살벌하게 낮췄기 때문이다. 또 다른 핵심적인 요인 두 가지는 태양광 초기에 정부가 적극적으로 인센티브를 부여한 것과 자본 집약적인 태양광 개발 프로젝트에 대해 혁신적인 금융 해법을 제공한 것이다.

6
재생에너지 금융

풍력 및 태양광 발전은 원자력이나 화석연료에 대해 비용 경쟁력을 가지고 곳곳에서 가장 저렴한 에너지를 생산한다. 비용이 낮다고 해서 투자금도 적은 것은 아니다. 재생에너지 프로젝트는 초기에 거의 대부분의 설비 및 건설이 이루어지므로 자본을 선행 투자해야 한다. 그 후에는 바람과 태양을 이용하기 때문에 연료비가 안 들고, 운영비와 유지보수 비용도 거의 들지 않는다.

금융 투자자들은 자신이 잘 모르는 부문에는 투자를 꺼린다. 새롭고 익숙하지 않은 신산업이 자본을 구하기란 어려운 일이다. 이로 인해 풍력 및 태양광은 산업 초기에 진퇴양난의 상황에 처했다. 그러나 자본이 부족해서는 결코 규모의 경제에 도달할 수 없고 비용 경쟁력을 갖출 수 없다는 것이 자명했다. 이 문제를 극복하기 위해서는 정부가 재생에너지 투자에 대해 적절한 인센티브를 제시해서 투자 리스크를 줄이고 기대 수익률을 높이는 정책을 실시할 필요가 있었다. 실제로 이러한 인센티브 지원으로 재생에너지에 대한 금융 자본 조달이 쉬워졌고, 그 결과 주택용과 소규모 상업용 재생에너지 수요가 증가하면서 이에 대응하는 금융 부문도 혁신이 이루어졌다.

정부의 인센티브 정책

정부 정책 입안자들은 재생에너지가 저렴한 발전원이며 가격 경쟁력이 있다는 것을 가장 먼저, 가장 잘 알게 된다. 그리고 학습곡선의 이점을 살릴 수 있다면 공급 측의 성장이 비용을 낮추고, 수요 중심의 성장으로 이어져 선순환 흐름을 만든다는 것도 잘 안다. 그러나 그 반대도 사실이다. 재생에너지가 기존 발전보다 더 비싸면 수요와 생산량이 줄어들어 절대로 비용을 낮출 수 없게 된다. 이것은 재생에너지 산업 전체에 장애물이 된다. 당연히 이럴 때 정부가 나서야 한다. 정부의 역할은 수요 증가와 비용 감소라는 선순환에 불을 붙일 수 있는 인센티브를 제공함으로써 이러한 장애물을 극복하도록 돕는 것이다. 정부는 두 가지 인센티브 수단을 쓸 수 있다. 바로 명령 지시적 규제(Command and Control) 방식과 시장 메커니즘(Market Mechanism)이다.

명령 지시적 규제 방식은 정부가 사용하는 전형적인 산업 지원 정책으로, 직접 보조금 또는 세금 인센티브의 형태이다. 재생에너지

산업에서는 유럽과 대다수 개발도상국에서 차액 지원 제도(feed-in tariff)를 도입했다. 이 제도는 장기 계약을 통해 재생에너지 개발자가 발전한 전력을 일반 전력시장 가격보다 높은 가격으로 판매할 수 있도록 보장하는 것이다. 장기 계약으로 보장하는 고정 가격과 실물시장 가격의 차이인 차액을 정부가 지원하는 제도가 차액 지원 제도이며, 그 차액만큼이 정부 보조금이다.

차액 지원 제도는 재생에너지 개발자가 생산 전력을 높은 가격으로 팔 수 있게 해줌으로써 수익성을 높여줄 뿐만 아니라, 장기간에 걸친 투자 리스크를 완화한다. 차액 지원 제도는 투자자와 개발자가 투자 자금을 쉽게 조달해 재생에너지 발전소 건설을 빠르게 하도록 촉진하는 데 매우 효과적이다. 그러나 정책 시행 초기에는 보조금이 매우 높은 경우가 많아 정부 부담이 클 수 있다. 모범적인 차액 지원 제도에는 구축 실적과 연동하여 차액 지원금 수준을 조정하는 프로세스가 포함된다.

미국에서는 차액 지원 제도 대신 연방정부가 재생에너지에 대한 세금 인센티브(세액 공제)를 시행했다. 세액 공제(Tax Credit)는 초기에 투자가 집중되는 재생에너지 프로젝트의 특성을 고려해 투자에 비례하는 세액 공제 혜택을 보조하는 것이다. 그런데 이 제도는 프로젝트 자본 투자자에게 세금 감면이 소용없을 경우 번거롭고 복잡해진다. 프로젝트 개발자가 자금을 지원할 투자자와 세액 공제를 활용할 참여자를 모두 찾아야 하기 때문이다.

명령 지시적 규제 방식에서 인센티브 보조금 수준은 정부가 정하는데, 재생에너지가 확산되어 경쟁력이 높아지면 그 수준도 낮아진다. 이 방식의 장점은 목표 설정과 제도 설계가 간단하다는 것이다.

단점은 정부가 보조금 설계를 너무 높거나 낮게 설정하는 경향이 강하고, 산업 성장에 맞추어 유연하게 변경하기 어려운 경향이 있어 대부분의 보조금은 효율이 낮다는 것이다. 결국 명령 지시적 규제 방식의 인센티브는 재생에너지 투자를 촉진하는 효과는 있으나, 상대적으로 무딘 도구다.

시장 활용

재생에너지 개발을 장려하기 위해 시장 메커니즘을 사용하는 정책도 있다. 시장을 만들 때는 먼저 정부가 인센티브 시스템을 구축한 다음 개발자나 유틸리티와 같은 시장 참여자들이 최저 비용 해법을 찾을 수 있도록 허용한다.

가장 단순한 형태의 시장 메커니즘은 경매 방식이다. 이는 정부가 새로운 발전을 위한 입찰을 제시하고 개발자들이 최저가로 전력 공급 자격을 입찰하는 것이다. 경매는 개발자에게 장기간의 고정가격 계약을 제공하여 재생에너지를 장려한다. 정부 입장에서 경매 방식의 장점은 단순하고 투명하며 개발자 간의 경쟁으로 가격을 낮출 수 있다는 점이다. 재생에너지 경매 제도는 인도, 멕시코, 남아프리카 공화국 등 48개국에 도입되었고, 독일같이 차액 지원 제도를 운영하던 국가들도 지금은 경쟁 경매를 하고 있다.[1] 경매제도 도입으로 그림 6.1처럼 가격이 떨어져 재생에너지 확대에 도움이 되었다.

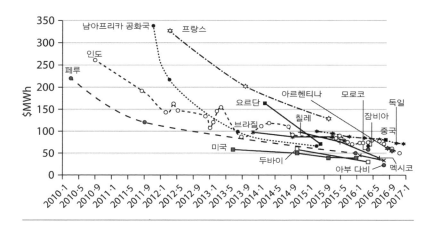

6.1 태양광발전의 경매 가격 변화(국제재생에너지기구, 『재생에너지 경매: 2016년 분석』,
www.irena.org/publications/2017/Jun/Renewable-Energy-Aucti ons-Analysing-2016)

RPS 시장

보다 정교한 시장 메커니즘으로는 미국의 주정부에서 사용하는
재생에너지 공급 의무화 제도(RPS, Renewable Portfolio Standard)가
있다. RPS 제도는 주정부가 발전 전력량 중 재생에너지로 발전할
최소 비율을 정하고 이를 지키지 못할 경우 벌금을 부과하는 방식이
다. RPS를 부과받는 전력회사는 재생에너지 전력을 사용해 부과된
최소 비율을 준수하거나 초과해야 한다. 이때 전력회사는 독립적인
개발자나 다른 유틸리티로부터 재생에너지를 구매하거나 재생에너
지 프로젝트에 직접 투자하는 것 중 선택할 수 있어, 유연성이 있
다.(역주: 본문에서 '전력회사'와 '유틸리티'라는 표현이 함께 사용
되는데, 전기에 관련된 서비스를 제공하고 요금을 받는 기업이라는

의미에 가까운 경우는 전력회사, 원자재 상품을 담당하는 공기업이란 의미에 가까운 경우는 유틸리티라고 번역하였다.) RPS 제도의 가장 큰 장점은 바로 이 유연성이다. 이 유연성 덕분에 유틸리티는 최저 비용으로 목표 달성이 가능한 재생에너지 전략을 설계하고 실행할 수 있다.

RPS는 재생에너지 수요를 늘리고, 유틸리티가 재생에너지 프로젝트 개발자와 계약하거나 직접 투자하도록 장려하여 재생에너지 개발을 지원한다. 미국에서는 RPS 시장 메커니즘이 점점 많아져서 50개 중 29개 주가 풍력 및 태양광발전을 지원하기 위해 RPS 제도를 채택했다(74쪽 〈미국의 주별 재생에너지 공급 의무화 제도(RPS) 운영 현황〉 참조).[2]

탄소 시장

1992년 브라질 리우데자네이루에서는 지구정상회의를 위해 172개국 대표들이 처음 모였다. 이들은 "기후 시스템에 대한 인간의 위험한 영향을 막을 수 있는 수준에서 대기 중 온실가스 농도를 안정시키는" 목적으로 세계기후변화협약에 합의하고,[3] 미국을 포함한 154개국이 서명했다. 기후변화협약에 따라 솔루션을 검토 협의하는 연례 글로벌 회의가 출범했다. 그리고 1997년 일본에서 각국 대표들은 온실가스 배출을 줄이기 위한 세계 최초의 협약인 교토 의정서에 합의한다. 여기에 탄소 시장을 이용해 화석연료에서 재생에너지로 전환을 촉진한다는 내용이 포함된다.

6.2 미국의 주별 재생에너지 공급 의무화 제도(RPS) 운영 현황

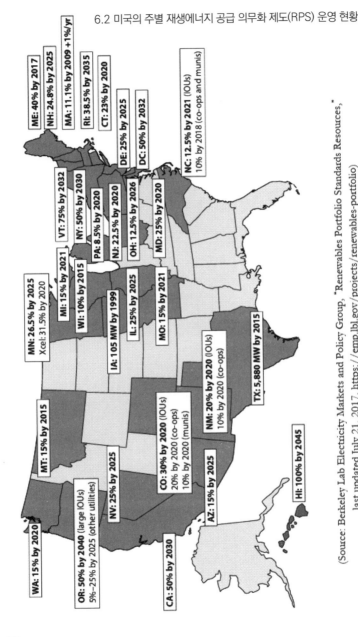

ME: 40% by 2017
NH: 24.8% by 2025
MA: 11.1% by 2009 +1%/yr
RI: 38.5% by 2035
CT: 23% by 2020
DE: 25% by 2025
DC: 50% by 2032
NC: 12.5% by 2021 (IOUs)
10% by 2018 (co-ops and munis)

VT: 75% by 2032
NY: 50% by 2030
PA: 8.5% by 2020
NJ: 22.5% by 2020
OH: 12.5% by 2026
MD: 25% by 2020

MN: 26.5% by 2025
Xcel: 31.5% by 2020
MI: 15% by 2021
WI: 10% by 2015
IA: 105 MW by 1999
IL: 25% by 2025
MO: 15% by 2021

MT: 15% by 2015
CO: 30% by 2020 (IOUs)
20% by 2020 (co-ops)
10% by 2020 (munis)
NM: 20% by 2020 (IOUs)
10% by 2020 (co-ops)
TX: 5,880 MW by 2015

NV: 25% by 2025
AZ: 15% by 2025
HI: 100% by 2045

WA: 15% by 2020
OR: 50% by 2040 (large IOUs)
5%–25% by 2025 (other utilities)
CA: 50% by 2030

(Source: Berkeley Lab Electricity Markets and Policy Group, "Renewables Portfolio Standards Resouces,"
last updated July 21, 2017, https://emp.lbl.gov/projects/renewables-portfolio)

탄소 시장은 배출권 거래제(Cap-and-Trade)라고도 하는데 가능한 최소의 비용으로 온실가스 배출을 줄이도록 설계되었다. 탄소 시장의 기반이 되는 경제 이론은 1968년에 무명의 캐나다 경제학자인 존 데일스가 처음 제안했다. 데일스는 어떤 정부도 기업이 탄소 배출을 줄이는 데 드는 비용이 얼마인지를 알 수 없기 때문에 탄소 배출에 적절한 세금을 부과하는 것이 극히 어렵다는 것을 알았다. 배출 저감 비용은 신기술, 혁신, 시장 환경 등에 따라 수시로 변하기 때문이다. 기업조차도 실제로 해보기 전에는 그 비용이 얼마가 들지 알 수 없다.

오염을 줄이는 비용을 모르면 정부나 기업이 배출량에 가격을 할당하는 것이 거의 불가능하며, 가격 없이는 오염을 줄이기 위해 적절히 투자할 방법도 없다. 다행히 데일스는 우아한 방법을 찾았는데, 배출 총량 한도를 정하고 기업에게 총량 한도 내에서 배출할 권리를 할당하되 그 이상의 배출은 허용하지 않는 방식이다. 중요한 것은 기업이 배출권을 거래할 수 있도록 허용하여 시장을 만든 것이다. 데일스는 "시장 메커니즘의 장점은 누구도 가격을 책정할 책임이 없다는 것이다. 배출권 가격은 구매자와 판매자 간의 경쟁에 의해 결정된다"라고 하였다.[4]

데일스의 이론은 조지 H. W. 부시 미국 대통령이 석탄 화력발전소에서 배출되는 이산화황을 다루기 위해 배출권 거래 시장 설립을 허용하는 청정공기법 개정안을 지지한 1990년이 되어서야 처음 시도되었다. 대기 중에 방출된 이산화황은 산성비와 물고기 중독, 산림 피해 등을 유발하는데, 특히 1990년대에 미국 북동부에 심각한 환경 피해를 입혔다. 청정공기법에 따라 만들어진 배출권 거래 프로그램은 전력회사들에 배출권을 부여하고 이를 거래할 수 있게 했다.

이에 따라 전력회사는 배출량을 한도 이하로 줄이거나, 낮은 비용으로 배출량을 줄인 다른 전력사로부터 배출권을 사는 방법을 선택할 수 있는 유연성이 생겼다. 전력회사들은 높은 정부 벌금을 내는 대신 그렇게 하였다.

산성비를 줄이기 위한 배출권 거래 프로그램은 매우 낮은 비용으로 이산화황 배출을 50%까지 줄이는 놀라운 성공을 거두었다.[5] 더 중요한 것은 시장 기반 시스템으로 배출량을 원하는 수준으로 제한할 수 있고, 최저 비용으로 오염을 줄이며, 기업이 배출 저감 기술과 솔루션을 혁신하도록 촉진할 수 있음이 입증되었다는 사실이다. 미국의 산성비 프로그램이 거둔 극적인 성공은 기후변화를 연구하는 경제학자들로 하여금 온실가스 배출에 대해서도 같은 방식을 사용하도록 촉진했고, 그 결과 탄소 시장이 만들어졌다.

탄소 시장은 온실가스를 전혀 배출하지 않는 풍력과 태양광 발전의 성장에 중요한 역할을 한다. 온실가스 배출 한도에 직면한 전력회사에게 풍력과 태양광은 매력적이다. 배출권을 추가로 받을 필요 없이 발전을 하기 때문이다. 온실가스 배출량을 한도 이하로 줄여야하는 전력회사라면 재생에너지로 발전한 전기나 재생에너지 자산을 구매하거나, 새로운 재생에너지 프로젝트에 투자하는 방법 등을 선택할 수 있다. 어떤 선택이든 재생에너지 수요를 늘게 된다.

교토 의정서는 글로벌 탄소 시장을 만들었고, 온실가스 감축 프로젝트에 대한 투자를 촉진했다. 재생에너지 프로젝트에 투자한 투자자는 탄소 크레딧을 팔아 추가 수익을 창출하고 프로젝트 투자 수익을 높였다. 교토 의정서를 준수하며 건설된 프로젝트가 가장 많은 국가는 중국이다. 중국의 많은 풍력발전 프로젝트가 탄소 시장의 혜택을 누렸고, 중국 소비자들에게 풍력발전 비용을 낮출 수 있었다.[6]

불행히도 교토 의정서의 핵심 내용은 시효 연장 합의에 실패해 2012년 만료되었다. 그래도 탄소 시장은 계속해서 재생에너지 인센티브 역할을 하고 있다. 유럽은 2004년에 EU 배출권 거래 시스템을 만들어 유럽 전력회사가 화석연료 대신 태양광이나 풍력 같은 재생에너지로 발전하도록 인센티브를 제공했다. 캘리포니아는 2012년에 배출권 거래 프로그램을 수립해 2050년까지 온실가스를 1990년의 80%까지 줄이도록 했다.[7] 중국 정부도 2013년 7개 성에 탄소 시장을 설립했고, 이들을 단일 국가 탄소 시장으로 결합하여 세계 최대 규모의 배출권 거래 시장으로 만들 계획이다.[8] (역주: 중국은 2011년 베이징, 텐진, 상하이, 충칭, 광둥, 후베이, 선전 등 7곳을 시범 거래소로 지정하고 2013년부터 지역별 거래소를 운영해왔으며, 2021년 7월 전국 통합거래소를 출범시켜 중국 전체의 탄소 배출권 거래를 한곳으로 통합했다.)

탄소 시장은 최소의 비용으로 온실가스 배출을 줄이도록 정부가 설계하고 시장 메커니즘에 따라 배출 가격이 정해져 투자 결정을 이끈다. 이는 풍력과 태양광 등 저탄소 발전 기술에 자본을 아주 효율적으로 할당하는 방법이다. 그러나 탄소 시장은 정부가 온실가스 배출량을 제한하는 법을 제정해야 만들어질 수 있다. 안타깝게도 대부분은 정치적 의지가 부족해서 문제가 된다.

정부 역할의 축소

정부 인센티브는 명령 지시적 규제 보조금(차액 지원 제도 및 세금 공제)과 시장 메커니즘(경매, 재생에너지 공급 의무화 제도 및 탄소 시장)을 통해 재생에너지의 성장에 필수적인 역할을 한다. 이러한 인센티브는 재생에너지 투자자의 위험을 줄이고 수익을 높인다. 리스크가 낮아지고 수익률이 높아지면서 풍력 및 태양광 부문을 성장시킬 수 있는 자본 투자가 활성화되면 비용 절감, 수요 증가, 생산증대의 선순환 구조가 만들어진다. 또한 학습곡선 효과가 생겨 비용을 더욱 낮추고 한층 더 강력한 선순환이 다시 시작된다.

중요한 것은 재생에너지에 대한 정부 인센티브가 풍력 및 태양광의 LCOE를 낮춰서 인센티브 없이도 다른 발전보다 가격이 낮아지는 수준인 패리티를 달성할 때까지 감소하도록 설계된다는 점이다. (패리티는 9장에서 다룬다.) 정부의 지원은 재생에너지의 성장에 중요한 역할을 하여 민간 자본이 이 부문에 투자하도록 끌어들인다. 재생에너지 자금 조달은 프로젝트 금융과 같은 전통적인 구조에서 시작되었으며, 이후 투자 수요가 증가함에 따라 새로운 금융 혁신으로 이어졌다.

재생에너지 자금 조달

세 가지 범주의 재생에너지 프로젝트(주택용, 건물 규모의 상업 , 그리드 규모의 대규모 발전을 위한 유틸리티급)는 규모를 기준으로 분류한다. 이렇게 규모를 기준으로 분류하면 재생에너지 사업에 대한 자금 조달을 이해하는 데도 도움이 된다. 주택용 및 상업용 프로젝트는 규모가 작아서 초기에는 자금 조달이 매우 어려웠다. 이를 해결하기 위해서는 이 장의 뒷부분에서 설명할 금융 혁신이 필요했다. 그러나 유틸리티 규모의 풍력 및 태양광 프로젝트에 자금을 조달하는 것은 프로젝트 금융이라는 전통적인 투자 방식으로 비교적 간단하게 이루어졌다.

유틸리티 규모 프로젝트 파이낸싱

프로젝트 파이낸싱은 장기간의 안정적인 현금 수익이 예상될 때 이루어지는 인프라 자금 조달이다. 프로젝트 파이낸싱의 역사는 수백 년 전으로 거슬러 올라간다. 영국 왕이 1299년 데번의 은광을 개발할 때 프로젝트 파이낸싱 방식을 이용해 광산에서 생산된 은 일부를 주기로 하고 이탈리아 상업 은행으로부터 자본을 조달했다고 한다.[9] 20세기에 들어 전 세계적으로 프로젝트 파이낸싱을 통해 유료 도로, 운하, 철도 및 전력 프로젝트에 자금을 조달했다. 이런 프로젝트는 모두 비슷한 특성을 지니는데, 규모가 크고 장기 사업이며 안정적인 현금 수익을 보장해 투자자에게 상환한다는 것이다. 유틸리티 규모의 풍력 및 태양광 프로젝트도 이러한 속성을 공유한다.

프로젝트 파이낸싱 자본 조달의 핵심은 풍력 및 태양광 프로젝트로 장기간에 걸쳐 예측 가능하고 안정적인 현금 수익을 보장할 수 있음을 입증하는 것이다. 다행히 풍력 및 태양광 프로젝트의 현금 흐름을 예측하는 것은 간단하다.

1. 재생에너지 프로젝트는 장기간 발전량 예측이 쉽다. 바람과 태양은 매일 매일은 변화가 크지만 연간 평균 풍속 또는 일조량은 매우 일정하다.
2. 풍력발전단지 또는 태양광 프로젝트에서 발전한 전기는 재생에너지 발전 사업자와 전력을 구매하는 유틸리티가 전력 구매 계약(PPA, Power Purchase Agreement)을 맺으면 프로젝트 기간 동안 고정 가격으로 사전 판매된다. 고정 가격은 프로젝트 소유자와 유틸리티가 협상으로 결정하거나 차액 지원 제도가 있는 경우 정부가 정한다.
3. 프로젝트의 예상 수익은 단순히 예상 발전량에 PPA 가격을 곱한 것이다. 프로젝트 투자에 대한 순 현금 흐름은 프로젝트 수익에서 운영 및 유지 관리 비용을 뺀 것이다.

풍력 및 태양광 프로젝트는 25년 이상 전기를 생산한다. 연료비 등 원가가 전혀 들지 않고 운영 및 유지 보수 비용이 매우 낮으며 발전된 모든 전기를 고정 가격으로 팔 수 있으므로 장기 현금 흐름을 예측하는 것은 비교적 쉽다. 따라서 재생에너지 프로젝트는 프로젝

6.3 런던 어레이는 세계 최대의 해상 풍력발전단지로, 50만 가구에 전력을 공급하는 규모다. 은행 컨소시엄의 프로젝트 파이낸싱으로 자금을 조달했다.(사진: Courtesy of Scira Offshore Energy Ltd./Statkraft via Flickr)

트 파이낸싱을 이용한 자본 조달에 이상적이다. 대출 기관 입장에서 프로젝트 기간 동안 상환될 것이 확실하기 때문이다. 안정적인 현금 흐름은 낮은 리스크, 매력적인 대출 이자율, 쉬운 자금 조달을 의미하며, 이는 프로젝트의 자본 비용을 절감한다는 뜻이다.

풍력과 태양광이 다른 화석연료 발전과 경쟁하려면 낮은 자본 비용이 중요하다. 재생에너지 프로젝트는 25년 이상 운영되고 거의 모든 자본이 프로젝트 건설 초기에 투자되기 때문에 프로젝트의 LCOE는 자금 조달 비용(이자)에 따라 매우 민감하게 달라진다. 자본 비용이 LCOE에 미치는 영향을 계산한 투자은행 라자드에 의하면, 이자를 9.2%에서 5.4%로 낮추면 태양광의 LCOE는 3분의 1 이상 떨어진다.[10] 태양광 및 풍력 발전의 LCOE가 다른 발전과 경쟁 하려면 투자 자본을 낮은 이율로 조달하는 것이 가장 중요하다. 다행히 프로젝트 파이낸싱은 여기에 딱 맞아떨어지는 방식이다.

프로젝트 파이낸싱은 대규모 유틸리티급 풍력 및 태양광 프로젝트에 가장 보편적인 금융 방식이 되었으며, 수천 억 달러의 자본을 매우 낮은 이자율로 조달한다. 2016년 프랑스의 풍력 개발자들은 프로젝트 파이낸싱으로 15년 장기 대출을 믿기 어려운 2.5%의 이자율로 유치했다. 이는 2014년에 4%로 아주 낮아진 수준에서 더 떨어진 것이다.[11] 금융 기관이 재생에너지 사업에 익숙해지면서 대출 규모도 증가했다. 잉글랜드 해안 근처의 해상 풍력발전단지는 단일 프로젝트로 50억 달러 이상을 유치했다.[12]

그러나 프로젝트 파이낸싱에는 조건에 대한 협상 및 계약서 작성 등에 거래 비용이 든다. 이 과정에 시간과 전문성이 필요한데, 보통 수개월 또는 수년 동안 비싼 법률 및 재무 전문가가 투입된다. 따라서 프로젝트 금융은 자본 규모가 1억 달러 정도는 되어야 사용할 수 있다. 대규모 유틸리티급 재생에너지 프로젝트의 자금 조달에는 이상적인 솔루션이지만, 소규모 풍력 및 태양광 프로젝트에는 적절한 방식이 아니다. 그래서 금융 혁신이 필요했다.

주택용 및 상업용 재생에너지 프로젝트 파이낸싱

지붕이 있는 주택과 건물을 소유한 집주인과 기업은 태양광으로 저렴한 전기를 쓸 수 있다는 것을 알고 있음에도 처음부터 큰돈을 들여 지붕 태양광발전 시스템을 설치하는 것은 매우 꺼려왔다. 게다가 비용 말고도 잠재적인 리스크가 있다. 기대만큼 전기를 만들어내지 못한다면? 이사 갈 일이 생기면? 고장 나면 수리는 누가 하지?

그래서 2004년에 걱정 많은 주택과 소규모 건물 소유자들을 위해 태양광 리스라는 혁신적인 금융 메커니즘이 등장한다.

태양광 리스 그리고 PAYG 할부

태양광 리스는 집주인이나 건물주가 태양광 패널로 발전한 모든 전기를 정해진 가격으로 장기간(시스템 수명 기간) 사용하는 계약이다. 계약을 하면 프로젝트 개발자가 태양광 시스템을 설치하고, 계약 기간 동안 모든 유지 보수 및 수리를 해결한다. 가장 중요한 것은 개발자가 태양광 프로젝트 초기 비용을 모두 조달한다는 것이다.

태양광 리스는 태양광의 성장에 아무리 강조해도 지나치지 않을 정도의 기여를 했다. 2009년에 과학 잡지 『사이언티픽 아메리칸』은 태양광 리스를 "세계를 바꾸는 20대 아이디어"에 포함시켰다. 태양광 리스로 집주인은 돈 한 푼 없이 지붕에 태양광 패널을 설치할 수 있다. 그리고 손해 볼 걱정 없이 태양광 에너지를 쓸 수 있다. 당연히 이 금융 혁신으로 집주인들 사이에서 태양광 시스템이 극적으로 증가하기 시작했다. 미국에서는 2014년 신규 설치된 태양광발전 용량의 4분의 3이 임대 방식으로 신설된 주택용 태양광 시스템이었다.[14] 태양광 리스 방식 덕분에 미국의 주택용 태양광 시장은 2011

년부터 2014년까지 매년 50% 이상 성장했다.[15]

PAYG(Pay-as-you-go)라고 하는 변형 태양광 리스 모델이 개발 도상국을 위해 등장했다. PAYG 모델은 할부 방식으로 태양광 시스템을 제공한다. 처음에 계약금을 내고, 그 이후 몇 달 또는 몇 년 동안 휴대폰 소액 결제 방식으로 차액을 지불한다. 고객이 시스템 비용을 완불하면 태양광 전기는 영원히 공짜다. PAYG는 개발도상국에서 태양광 확산의 장벽이 되었던 비싼 초기 비용을 낮춰준다.

PAYG는 수십 개의 개발도상국에서 태양광 시스템 설치에 활용되고 있으며 고속 성장하고 있다. PAYG 파이낸싱 모델은 가난한 나라의 가정에서 전등과 휴대폰 충전기를 사용할 수 있도록 돕는다. 이를 통해 휴대폰 충전 비용을 절감하고 어두워진 후에도 자녀가 학교 공부를 할 수 있다.[16] 태양광 조명은 저렴할 뿐만 아니라 등유 램프로 인한 화재 위험을 막는다. PAYG는 소비자에게는 경제적이고 실용적인 솔루션이고, 기업과 투자자에게는 현명한 금융 모델이며, 목재 및 등유 연소로 인한 건강 악화와 안전사고를 줄인다. 전력망이 없는 전 세계 12억 명의 인류에게 전기 혜택을 줄 수 있는 이 금융 모델의 잠재력이 알려지면서 개발도상국에서 PAYG 태양광 시스템을 제공하는 기업에 투자 자본이 유입되고 있다.

기관 투자가

태양광 리스와 PAYG 금융 모델로 인해 태양광 수요가 급격하게 늘면서 유틸리티급 태양광 프로젝트 때와 마찬가지로 급증하는 자금 조달을 위해 수십 억 달러의 저비용 자본이 필요해졌다. 대규모 자본 조달에는 연기금, 투자신탁 및 보험 회사 등과 같은 기관 투자자가 필요하다.

기관 투자자들은 처음에는 경험이 부족해 풍력 및 태양광 프로젝트에 투자하기를 꺼렸다. 그러나 재생에너지가 점점 대중화되면서 이들도 풍력과 태양광이 만드는 장기간의 안정적인 현금 흐름에 이끌렸다. 2011년까지 기관 투자자들은 연간 2천 억 달러 이상을 재생에너지에 쏟아부었고 그 대부분이 풍력과 태양광에 대한 투자였다.[17] 블룸버그는 연기금과 기타 기관 투자자들이 풍력 및 태양광 프로젝트에 더 많은 금액을 투자하고 있다고 보도했다. "이 산업을 국채와 같은 전통적인 안전 자산에 대한 대안으로 간주하기 때문이다."[18] 기관 투자자들이 이 분야에 점점 더 익숙해지면서 기준 수익률이 낮아지기 시작했다. 그리고 투자자가 가져가는 수익률이 낮아질수록 LCOE 또는 풍력과 태양광 발전 비용도 낮아졌다. LCOE가 낮아지면 당연히 석탄이나 천연가스 같은 다른 발전 대비 재생에너지의 경쟁력이 높아지고, 수요가 증가하여 프로젝트 비용이 낮아질 뿐 아니라 금융비용도 같이 낮아지는 선순환이 이루어진다.

남아 있는 장애물

풍력 및 태양광은 가장 저렴한 발전원이 됨으로써 다음 에너지전환의 첨단에 서 있다. 정부 보조금으로 시작한 재생에너지 수요는 학습곡선에 불을 붙여 낮은 비용으로 추가 수요를 유도하며 비용 절

6.4 M-KOPA Solar의 종량제 전기요금으로 전기를 사용하는 케냐 아티 강 주변의 무사우 가족(사진 © Allan Gichigi/M-KOPA Solar)

감의 선순환을 만들었다. 그리고 혁신적인 금융이 풍력과 태양광의 금융비용을 줄이고 재생에너지 경쟁력을 더욱 향상시켰다.

성장의 초기 단계에서 풍력 및 태양광 산업은 님비주의에서 규제 장벽에 이르기까지 많은 장애물을 만나왔다. 장벽 대부분은 낮아진 가격과 경쟁력으로 해결했다. 풍력과 태양광이 더 저렴해지고 경쟁력을 높일수록 규제 기관이든 다른 경쟁 발전이든 이들의 성장을 막아내기가 더욱 어려워진다. 그러나 화석연료에서 재생에너지로 완전히 전환하는 데는 두 가지 장애물이 남아 있다.

첫 번째 장애물은 기존 전력 시스템의 구조에서 비롯된다. 전력망은 셀 수 없이 흩어진 위치에서 발전하는 것을 감당하지 못하는데,

주택용 및 상업용 태양광과 풍력발전이 바로 그런 분산형 발전이다. 대부분의 국가에서 규제 대상인 전력회사는 대규모 중앙집중식 설비로 발전하고, 거대 전력망으로 송전해서 각 가정과 기업에 전기를 공급한다. 전력 사업 및 송전 시스템은 대부분 정부로부터 규제를 받는 독과점 사업이다. 건설하고 유지하는 데 아주 많은 비용이 들어서 인프라를 중복 구축하는 것이 비현실적이기 때문이다. 토머스 에디슨이 1882년 펄 스트리트 스테이션을 시작한 이후로 전력회사의 발전 및 송전 시스템은 거의 변한 것이 없다. 이제 변화가 생겼는데, 풍력 및 태양광 같은 분산 에너지가 등장하면서 전통적인 전력회사 모델이 와해될 가능성이 생긴 것이다.

집주인과 기업은 재생에너지를 미터기 뒤에 설치하고, 직접 발전한 전기를 사용할 수 있다. 그리고 주택용 태양광이 초과 발전할 경우 남는 전기를 전력망으로 역송해서 전력회사가 활용하게 할 수 있으며, 그 대가로 집주인은 전기요금을 감면받거나 현금을 받는다. (역주: 이를 상계거래 혹은 넷미터링이라 한다.) 이러면 분산 발전은 기존 전력회사에 엄청난 어려움을 야기한다. 고객의 수요는 사라지고, 오히려 과잉 발전된 전기를 사달라고 전력회사를 압박한다. 상계거래 혹은 넷미터링으로 인해 최근 전력회사와 규제 기관 그리고 주택용 태양광 사이에 벌어지고 있는 분쟁은 그리 놀랄 일이 아니다. 분산 발전의 당연한 결과이며, 주택용과 상업용 재생에너지가 계속 성장하기 위해서는 반드시 해결되어야 할 문제다.

분산형 태양광 및 풍력이나 다른 모든 발전원을 경제적으로 공평

하게 다루는 현대적인 전력망은 에너지전환의 전제 조건이다.(역주: 전력망의 이런 속성을 망중립성이라 한다.) 기술적으로는 어려운 일이 아니지만 규정 개정에는 시간이 걸린다. 안타깝게도 전력망 규제 재설계는 급변하는 산업에 적응할 의지나 능력이 없는 기존 전력회사들이 만들어내는 정치적, 관료적 난제에 직면해 있다. 그러나 재생에너지에 대한 소비자의 선호가 규제 당국으로 하여금 풍력과 태양광의 지속적인 성장을 방해하는 첫 번째 장애물을 해결하도록 압박할 것이다.

두 번째가 더 중요한 장애물인데, 바로 간헐성 문제다. 풍력터빈과 태양광발전이 만드는 전기는 원하는 대로 계획할 수 없으며 나중을 위해 저렴하게 저장할 수도 없다. 간헐성 문제는 풍력과 태양광으로 전 세계의 발전을 감당하기 위해 해결해야 할 마지막 장애물이다. 간헐성에 대한 해결책을 이해하려면 한 걸음 뒤로 물러서서 생각해야 한다. 그래서 다음 장에서는 에너지전환이라는 주제로 돌아가 20세기 초에 있었던 유사한 에너지전환, 즉 말에서 자동차와 선박, 항공기로의 전환에 대하여 다시 살펴본다. 운송에서 일어난 에너지전환의 경로를 이해하면 간헐성 문제에 대한 해결책을 찾아 궁극적으로 풍력 및 태양광 에너지가 지배하는 시대로 이끌 수 있다.

7
에너지전환의 역사

    초기 인류는 약 4천 년 전에 말을 가축화하면서 거의 동시에 바퀴를 발명했다. 그리고 그 후 4천 년 동안 육로 운송에 말이나 다른 가축들을 이용했다. 미국과 유럽에서 말은 언제 어디서나 볼 수 있었으며 엄청난 양의 건초, 귀리 및 기타 사료를 먹어 치우고 거의 같은 양의 똥을 쌌다. 1900년경 런던에는 1만 1천 대가 넘는 대중용 소형 마차와 수천 대의 마차 버스가 있어서 5만 마리 이상의 말이 필요했다. 당시 뉴욕 시의 거리에도 10만 마리의 말이 다녔다.[1]

    교통수단인 말을 먹이고 돌보는 데는 비용이 많이 들었다. 동물의 힘의 원천은 사료이고, 사료의 에너지 단위는 칼로리다. 일하는 말은 하루 약 2만 5천 칼로리를 필요로 하는데 이는 귀리 9kg에 해당

7.1 벤츠 사의 특허 - 자동차(출처: 위키미디어 공용 라이선스)

한다.[2] 말 주인들은 사료를 먹이느라 상당한 비용을 지출했고, 말똥
은 모든 시민의 골칫거리였다. 1894년 「타임스」는 상황이 너무 심
각해서 50년 후 런던 거리는 9피트의 똥 무더기에 묻힐 거라고 예측
했다.[3] (역주: 말 5만 마리가 일 년 동안 싸는 똥은 20만 톤 이상이
다.) 초기 발명가들은 말의 후임자를 고민했다. 1509년 레오나르도
다빈치가 현대 내연기관의 선구자 격인 무압축 엔진 이론을 제시했
으나,[4] 최초의 쓸 만한 해결책은 독일 발명가 카를 벤츠가 1885년
발명한 '말 없는 마차'였다. 벤츠는 이 발명을 위해 당시로서는 이례
적인 가솔린 동력의 내연기관을 선택했다.[5]

　벤츠가 자동차를 처음 설계했던 시기에는 내연기관이 있긴 했으

나 널리 사용되지는 않았다. 당시 운송은 석탄 증기기관을 사용하는 기차나 배로 이루어졌다. 벤츠가 내연기관에 매료된 이유는 증기기관보다 효율적이기 때문이었다. 이는 연료에 포함된 에너지를 기계동력으로 더 많이 변환한다는 의미다. 내연기관의 또 다른 중요한 특성은 소형이라 이식성이 뛰어나서 자동차뿐 아니라 다양한 형태의 운송 및 농기구에 적용할 때도 딱 들어맞는다는 점이다.

1885년 세계 경제의 주 연료는 석탄이었는데, 2장에서 살펴보았듯이 이미 나무를 대체하고 있었다. 석탄은 저렴하고 쉽게 얻을 수 있는 동력원이며 나무에 비해 에너지 밀도가 높다. 그러나 석탄은 고체라서 내연기관에 사용할 수 없다. 액체 또는 기체 연료라야 내연기관을 작동할 수 있다. 가솔린은 원유를 정제해 생산하며 에너지 밀도가 석탄의 거의 두 배에 이른다. 에너지 밀도가 높다는 것은 벤츠의 자동차가 석탄 엔진보다 연료 소모량이 적다는 의미다. 또한 액체인 가솔린은 단순한 연료 탱크에 저장할 수 있다.

벤츠는 2년 만에 최초의 가솔린 구동 차량인 '말 없는 마차'를 상용화한다. 놀랍게도 내연기관의 설계 원리는 그 후 크게 변한 것이 없다. 1908년 포드가 모델 T를 대량 생산하면서 자동차 판매 붐이 일어났고, 가솔린 수요를 크게 증가시켰다. 1919년에서 1929년 사이 가솔린 소비는 세 배 증가했으며 이는 자동차 소유 증가와 밀접한 관계가 있다.[6] '오트(귀리)에서 오일로'의 에너지전환이 시작된 것이다. 자동차 판매가 증가하면서 석유 수요도 증가했고 석유 시추도 붐을 이루었다. 1901년 텍사스 주 스핀들탑 유전은 하루에 10만 배럴의 석유를 분출하며 현대 석유 산업을 세웠다.(역주: 스핀들탑 유전은 당시 세계 생산량의 절반을 담당했고, 이것이 석유 메이저 텍사코의 시작이다.)

해군 동력의 전환: 석탄에서 석유로

1911년에 영국 해군의 주 동력원은 석탄이었다. 그러나 석탄은 약점이 있었다. 영국은 제1차 세계대전 중 석유 엔진 군함 없이는 속도로 적을 제압할 수 없다는 사실을 깨닫고 함대 전환을 시작했다.

7.2 텍사스 주 스핀들탑의 최초의 분유정(출처: 위키미디어 공용 라이선스)

석유의 에너지 밀도는 석탄보다 높아 선박 보일러를 소형화하고 연료 보급 이동 거리를 늘릴 수 있었다. 전술적 이점도 있었다. 석유는 석탄보다 매연이 적어 적의 감시로부터 숨기에 유리했다.[7]

에너지전환이 일어날 때 자주 그렇듯, 이 경우에도 원료의 가용성은 실용과 이론 면에서 중요한 고려사항이었다. 책임자 및 최종 사용자들의 태도도 물론 중요했다. 당시 영국은 석탄 생산량은 많지만 석유 매장량은 없었다. 영국은 앵글로-페르시아 석유 회사의 지분 51%를 인수하여 영국 해군에 대한 20년 석유 공급 계약을 체결함으로써 이 문제를 영리하게 해결했다. 윈스턴 처칠이 말했듯이 "액체 연료에 헤아릴 수 없는 이점이 있더라도 해군의 근간을 영국산 석탄에서 수입산 석유로 바꾸는 것은 엄청난 결정"이었다.[8]

미국에서는 1914년 마지막 석탄 화력 전함이 취역했다.[9] 연안을 벗어나 전례 없이 멀리 기동했던 미국–스페인 전쟁에서 석탄 전함의 기동 범위 제약이 드러났다. 영국 해군과 마찬가지로 미 해군은 연료 전환을 통해 석유 에너지 밀도의 이점과 증기 엔진에 대한 내연 기관의 비교 우위를 깨닫게 되었다.

완전한 전환: 오트에서 오일로

1950년대 중반쯤에는 석유가 미국 운송 연료의 90% 이상을 차지했다.[10] 얼마 지나지 않아 미국 농장 대부분에서 트랙터가 동물을 대체했다.[11] 누군가는 오트에서 오일로의 전환이 거의 완전하게, 또 신속하고 광범위하게 일어났다고 생각할 수 있다. 그러나 벤츠가 자동차를 상용화한 이후 거의 30년이 지나서도, 미 해군은 가솔린과 내연기관의 명백한 장점에도 불구하고 여전히 석탄 화력 선박을 취역시키고 있었다. 1960년대 유럽과 미국은 여전히 증기기관차를 사용했다.

모든 에너지전환이 그렇듯이, 가축 사료에서 석유로의 이동은 느리고 결과도 예측하기 어려웠다. 그렇지만 결국은 경제적 동인이 변화에 대한 모든 저항을 극복했다. 석유는 현재 미국 교통수단 94%의 연료다.[12] '마력'이라는 엔진 출력 단위는 현대의 우리 기계가 전임자였던 동물과 어떻게 연결되어 있는지를 알려준다.

과거에서 배우기

귀리와 석탄에서 석유로의 전환은 돌이켜 보면 불가피해 보인다. 자동차는 분명 말보다 빠르고 강력하다. 하지만 그 당시에는 전환의 타당성이 덜 명백했다. 말은 모두에게 친숙한 근거리 교통수단이었다. 철도와 선박의 동력 수송에 선택된 연료는 석탄이다. 그리고 전기는 그 시대의 가장 흥미로운 혁신이자 마법에 가까운 형태의 에너지였다. 가솔린 내연기관만이 유일한 선택지는 아니었다. 다음 장에서는 내연기관을 선택한 벤츠와 다른 자동차 개척자들의 결정을 다시 검토하고 전기차의 돈키호테 같은 등장을 살펴본다.

8
전기차의 등장

　헨리 포드와 초창기의 다른 자동차 제조사들은 "전기로 달리지 않는다면 새로움도 가치도 있을 수가 없다. 전기가 보편적인 동력이 될 것이다"[1]라고 믿었다. 벤츠의 가솔린차가 성공했으나 1900년 미국의 도로를 달리는 차는 3분의 1이 전기차였다. 뉴욕 시에는 전기 택시가 떼 지어 다녔고 속도위반 딱지를 처음 뗀 것도 맨해튼의 전기 택시였다.[2] 스포츠카의 전설 페르디난트 포르셰조차도 전기차를 개발했다.[3] 전기차의 인기는 자명했다. 내연기관차보다 조용하고 깨끗하며 운전이 쉬웠다. 전기차는 시동을 걸 때 손으로 돌려야 하는 크랭크도 필요 없고 유독하고 냄새 나는 배기가스도 안 나왔다. 많은 장점에 확신을 가진 에디슨과 포드는 1914년에 저렴한 전기차를 설계하기 위해 손을 잡았다.

에디슨과 포드는 전기차(EV)가 내연기관차(ICE)에 비해 여러 장점이 있다는 것을 잘 이해했다. 그중에서도 가장 중요한 장점은 EV가 ICE보다 에너지를 운동으로 변환할 때 훨씬 효율적이라는 것이다. ICE는 가솔린을 연소하여 열을 발생시키고, 그 열을 기계 동력으로 변환해 차를 추진한다. 이 과정은 효율이 낮아 가솔린에 저장된 에너지의 17~21% 정도만 기계 동력으로 변환된다. 반면에 전기모터는 매우 효율적이다. 전기 에너지를 기계 동력으로 직접 변환하기 때문에 EV는 전기 에너지의 59~62%를 동력화해 바퀴를 움직인다.[4] 모터가 더 효율적이라 전기차에 필요한 에너지는 가솔린의 3분의 1 정도로 충분하다.

하지만 전기차의 아킬레스건은 배터리다. 모든 차는 추진용 에너지를 저장하기 위한 매체가 있어야 한다. 전기차는 배터리에, 내연기관차는 가솔린에 저장한다. 이때 에너지 밀도가 중요하다. 에너지 밀도란 단위 부피 또는 단위 질량당 저장할 수 있는 에너지양이다. 자동차 시대의 새벽인 이 당시 배터리는 크기가 크고 에너지 밀도가 낮아 전기를 아주 조금밖에 담지 못했다. 이에 비해 가솔린은 에너지 밀도가 높다. 가솔린은 에디슨 시대에 가장 흔했던 배터리인 납축전지보다 100배 이상의 에너지를 저장할 수 있다. 이것이 1900년대 ICE가 EV를 이기는 강력한 장점이 되었다. 가솔린은 당시 최고의 배터리보다 훨씬 더 강력한 에너지 저장수단이었다. 이 장점이 에너지를 기계 동력으로 변환할 때 상대적으로 효율이 떨어진다는

ICE의 단점을 상쇄하고도 남는 이점이었다.

에디슨과 포드도 EV의 에너지 저장 문제를 알고 있었고, 에너지 밀도가 더 높은 배터리를 발명하기 위해 노력했다. 1914년 1월 뉴욕 타임스 기사에서 헨리 포드는 "문제는 재충전 없이 장거리 운행이 가능한 가벼운 배터리를 만드는 것이었다. 에디슨 씨가 얼마 전부터 그런 배터리를 실험하고 있다"라고 주장했다.[5]

그러나 실패했다. 토머스 에디슨은 당대 최고의 발명가였으나 더 나은 배터리 발명에 실패했고, 포드와의 합작이 끝나면서 전기차도 함께 끝났다.[6] 전기차가 상용화되기까지는 거의 백 년이 더 걸린다.

자동차 산업의 혁신

1970년대 석유 위기로 인해 자동차 제조사들은 가솔린 내연기관의 대안으로 전기차를 다시 고민한다. 엔지니어들은 에디슨과 포드가 직면했던 딜레마를 재검토하고 가벼우면서도 에너지 밀도가 높아 신형 자동차에 충분한 에너지를 저장할 수 있는 배터리에 재도전한다. 그리고 다시 실패했다.

1990년 캘리포니아는 무공해 자동차 이용을 장려하는 법안을 제정하여, 자동차 제조사들이 전기차를 설계하고 생산하도록 강력한 인센티브를 부여했다. 캘리포니아가 자동차 판매를 유도하면서 주요 자동차 제조사는 다시 한 번 쓸 만한 전기차 개발에 연구개발비를 투자했다. 이때 제너럴 모터스가 최초의 양산 전기차인 EV1을 출시했다. 1996년 당시 EV1은 무게 533kg의 납축전지로 한 번 충전에 대략 100km를 가는 차였다.[7] 이 차는 생산비가 너무 비싸고 주행거리가 한정되어 인기가 없었다. 불과 몇 년 만에 GM은 EV1 프로그램을 취소하고 상업성이 없다는 이유로 생산된 차를 부순다.

GM에겐 안타까운 일이었으나, 이 불행한 실패에서 영감을 받아 〈누가 전기 자동차를 죽였나?(Who Killed the Electric Car?)〉라는 다큐멘터리가 나왔는데, 전기차 개발을 막기 위해 자동차 회사와 석유 회사가 음모를 꾸몄다는 내용이다. 음모가 있을 것 같지는 않지만 ─ GM은 강력히 부인했다 ─ 생산된 모든 EV1을 분쇄 파괴한 회사의 결정은 홍보 차원에서 비즈니스 역사상 가장 경솔한 사례였다. 더 중요한 것은 상당한 연구개발에도 불구하고 GM, 크라이슬러, 포드, 토요타, 혼다 및 기타 주요 자동차 회사들이 가솔린차만큼 멀리 또는 빠르게 가는 전기차를 만들 수 없었다는 사실이다. 대부분의 전기차는 소비자에게 깊은 인상을 주지 못했고, 이때 개발된 전기차는 결국 모두 시장에서 철수했다.

2003년 새로운 자동차 회사 테슬라가 설립되었다. 교류 유도 전동기의 발명가인 니콜라 테슬라의 이름을 딴 회사명이다. 테슬라의 CEO인 일론 머스크는 다음과 같은 "(당신과 나만 아는) 테슬라 모터스의 비밀 마스터플랜"을 발표한다.

스포츠카를 만든다.
번 돈으로 저렴한 차를 만든다.
더 번 돈으로 더 저렴한 차를 만든다.[8]

8.1 테슬라의 CEO 일론 머스크(출처: 위키 미디어 공용 라이선스)

머스크의 발표는 유머였으나 테슬라의 사업 계획은 여러 면에서 매우 진지하고 혁신적이었다. 첫째, 테슬라는 첫 제품의 타깃 시장을 하이엔드 자동차인 스포츠카 및 럭셔리 부문으로 정했다. 이전의 자동차 회사들은 언제나 저가형 시장이나 경제형 시장에 판매하는 데 중점을 뒀다. 둘째, 테슬라는 환경적 이점이 아닌 차량 성능을 핵심적인 판매 요소로 삼았다. 가장 중요한 셋째, 테슬라는 에디슨의 배터리 문제에 대한 해결책으로 새로운 차량용 배터리를 발명하는 대신 완전히 다른 시장인 가전제품 및 휴대폰 배터리에서 이미 이룩한 놀라운 발전을 활용하는 방식을 선택했다.

상식과 달리, 에너지 밀도가 높은 배터리를 새로 개발하는 대신 기존 배터리를 사용하기로 한 테슬라의 결정은 매우 혁신적이었다. 테슬라는 소비자 가전 시장에서 배터리가 가장 빠르게 발전하고 있음을 알았다. 노트북과 휴대폰 수요가 첨단기술 기업들이 고에너지 밀도 저비용 배터리를 설계 제조하도록 자극하기 때문이었다.

리튬이온(LiOn) 배터리는 소니가 25년 전에 상용화했는데,[9] 소비자 가전(3C로 일컬어지는 컴퓨터, 카메라, 통신기기)의 등장과 같은 시기였다. 이러한 시장에 대한 소니의 리더십을 감안할 때 배터리 사업에 진출하는 것은 당연했다. 상대적으로 에너지 밀도가 높은 리튬이온 배터리는 다양한 가전제품에 매력적이었다.

테슬라의 엔지니어들은 자동차 배터리를 특수하게 새로 개발하는 대신 7천 개의 리튬이온 배터리를 묶는 배터리팩을 설계했다. 배터리팩은 리튬이온 배터리의 장점을 최대한 활용했다. 비교적 작고 가벼운데 비용이 적당하면서 에너지 밀도도 높다. 엔지니어들은 새 배터리를 발명하는 데 시간과 돈을 들이는 대신 배터리팩을 제어하는 소프트웨어 개발에 집중했으며, 배터리와 전기식 엔진을 연결하는 고유의 파워 트레인을 설계했다.

테슬라가 출시한 첫 번째 전기차인 '로드스터'는 비싸고 매력적이며 고속이다. 전기모터는 내연기관보다 훨씬 더 큰 토크(모터가 바퀴를 돌리는 회전력)를 내서 더 강력하게 가속한다. 테슬라의 로드스터가 0에서 60마일로 가속하는 시간은 놀랍게도 불과 3.9초다. 2008년에 『모터 트렌드』는 이 차를 리뷰하면서 "조용하고 연비도 리터당 105km나 가는 테슬라 로드스터[10]가 신호 대기할 때 옆에 차를 세우고 굉음을 울리는 페라리나 포르셰가 있으면 불쌍해 보인다"고 했다.[11]

도전과 극복

로드스터는 전기차가 고급 스포츠카와 경쟁할 수 있음을 입증했다. 테슬라는 마스터플랜의 첫 번째 단계를 성공적으로 완수했다.

두 번째 단계인 경쟁력 있는 고급 승용차 만들기는 훨씬 큰 야망이며 더 높은 혁신이 필요했다. 테슬라의 다음 차인 모델 S는 BMW 5 시리즈 및 유사한 고급 차들과 경쟁하도록 설계한 세단이었다. 성공하기 위해서는 주행거리 불안, 성능, 비용이라는 세 가지 과제를 동시에 극복해야 했다.

주행거리 불안은 목적지나 재충전 장소에 도달하기 전에 전기차의 배터리가 방전될 것에 대한 운전자의 두려움이다. 테슬라 이전에는 상용 EV의 주행거리가 100km를 넘은 적이 없었다. 가솔린차는 탱크를 한 번 채우면 보통 500km보다 훨씬 더 가고, 아무 주유소에 서나 5분이면 연료를 채울 수 있어 편하다. 이론적으로 전기차는 일반 전기 콘센트를 사용해 충전할 수 있지만 실제로 110볼트든 220볼트든 가정용 콘센트로 충전하려면 몇 시간 이상이 걸린다. 테슬라는 주행거리 불안을 두 가지 방법으로 해결했다. 모델 S의 배터리팩을 훨씬 더 크게 만들어 한 번 충전으로 350~500km를 갈 수 있게 확장했으며, 전국에 고전압 충전소인 '수퍼차저'를 설치하기 시작했다. 수퍼차저를 쓰면 약 30분 만에 250km 거리의 배터리를 충전할 수 있다.

모델 S에 들어가는 확장 배터리팩은 무거웠다. 아직은 배터리 에너지 밀도가 높지 않으니 당연했다. 더해진 무게는 차량 성능에 영향을 주었다. 그래서 테슬라는 배터리팩을 앞뒤 차축 사이에 넣되 바닥에 깔아 차의 무게 중심을 낮추었고, 무거운 배터리팩을 이용해 핸들링의 안정성을 높였다. 대신 엔진 출력을 높였다.[12] 그 결과는 놀라웠다. 모델 S는 경쟁자들보다 더 빠르게 가속할 수 있고(제로백

이 4초 이하이다) 핸들링은 더 우수했다. 자동차 전문 잡지인 『모터 트렌드』는 2013년 '올해의 차'로 모델 S를 선정했다.

비용 문제가 테슬라에게 가장 어려웠다. 모델 S의 배터리팩은 15,000~18,000달러 정도로 차 제조원가의 25~30%를 차지했다.[13] 테슬라는 정부 보조금으로 이 추가 비용 일부를 상쇄했다. 미연방정부는 전기차 및 플러그인 하이브리드 차를 구매할 경우 최대 7,500 달러까지 세금을 공제해준다. 세금 공제액은 차의 배터리 용량에 따라 달라지는데, 배터리가 클수록 세금 환급금이 커진다.[14] 연방정부 보조금 외에 주정부 및 지방정부 지원금과 혜택도 다양하다. 세금 공제는 기본이고 환급, 바우처, 차량 등록비 할인, 충전 요금 할인 및 다인승 전용차선 혜택 등이 있다.[15]

중국에서 전기차 판매가 급증했는데,[16] 중앙정부가 소비자에게 최대 8,500달러까지 세금을 면제해주어 쉽게 살 수 있게 했기 때문이었다. 여기에 지방정부가 중앙정부 보조금의 50%까지 추가 보조금을 지원했다. 네덜란드와 같은 다른 국가들도 무공해 차량 구매를 장려하는 복잡한 재정 계획을 가지고 있다. 네덜란드는 이산화탄소 배출량을 기준으로 차량 등록세를 매긴다. 이런 사례들은 정부가 소비자 행동을 형성하기 위해 오랜 기간 사용해왔던 도구의 힘을 보여준다. 그것은 바로 과세 정책이다.

그러나 정부 보조금은 시간이 지남에 따라 감소하거나 일몰하도록 설계된다. 가령 덴마크는 정부가 한때 면제해주던 전기차 등록세를 단계적으로 올리기 시작했다. 2016년에는 세율을 5분의 1로 할

인해주었으나 2022년이 되면 모두 받을 예정이다. 보조금이 차차 줄어들기 때문에 테슬라가 가솔린차와 경쟁하려면 더 저렴한 배터리를 찾아야 했다. 그러나 머스크는 그냥 놔둬도 리튬이온 배터리 가격이 점점 떨어질 것을 알고 있었다.

머스크 전략의 핵심은 테슬라가 배터리 비용 절감 방법을 찾지 못하더라도 괜찮다는 것이다. 대신 테슬라는 배터리 제조업체가 가전 및 휴대폰 시장의 경쟁 압력에 대응하기 위해 비용 절감에 최선을 다할 거라고 확신했다. 테슬라는 처음부터 배터리, 특히 다양한 산업에 널리 쓰이는 리튬이온 배터리의 학습곡선이 핵심이라는 것을 알았다. 머스크가 세운 테슬라 마스터플랜은 휴대폰 및 다른 가전기기에 쓰이는 배터리의 학습곡선을 활용하게끔 세워졌다.

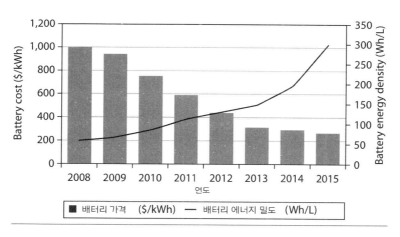

8.2 배터리 에너지 밀도와 가격 변화(IEA, *Global EV Outlook 2016*, https://www.iea.org/publications /freepublications/ publication/Global_EV_Outlook_2016.pdf)

리튬이온 배터리 연구를 통해 17%의 학습곡선을 확인할 수 있었는데, 이는 배터리의 누적 생산량이 두 배가 될 때마다 비용이 17% 감소한다는 뜻이다. 17 휴대폰 및 노트북 수요가 급증하면서 배터리 누적 생산량도 3년마다 두 배가 되었다.[18] 테슬라는 다른 시장의 성장을 활용하고 이점을 취할 수 있도록 전략을 세웠고, 그 결과 모델 S 및 후속 차량을 생산할 때 가장 큰 문제인 비용 요인을 해결할 수 있었다. 결과는 성공이었다. 테슬라가 누린 혜택은 그래프 8.2에서 확인할 수 있다. 리튬이온 배터리 비용은 불과 7년 만에 kWh당 1,000달러에서 270달러로 73%나 하락한다.

배터리 너머의 혁신

머스크는 테슬라 전기차가 자동차 산업을 고도로 혁신할 기회를 잡았다고 믿었다. 전기차는 내연기관 자동차보다 움직이는 부품이 훨씬 적어서 아주 단순하다. 구조가 단순하므로 전기차는 정비 서비스가 거의 필요 없고, 이에 따른 소비자 가치는 상당하다. JP모건의 분석에 따르면 "내연기관 자동차의 움직이는 부품이 2천 개인데 비해 EV는 20개 정도이다. 그래서 서비스 비용은 대폭 절감되고 차량 수명은 늘어난다." 결론적으로 전기차는 운영비용이 가솔린차보다 90% 낮다.[19]

이러한 이점을 이용해 인해 테슬라는 다른 메이저 자동차 회사들이 이용하던 프랜차이즈 딜러 대신 직영 매장 네트워크를 통해 직접 판매한다는 혁신적인 전략을 선택한다. 머스크는 프랜차이즈 딜러와 제조회사는 근본적인 이해 충돌이 있다고 생각했다. 전형적인 딜러는 새 차 판매보다 부품 교체 및 애프터서비스로 훨씬 더 많은 수입을 올리기 때문이다.[20] 그러나 모델 S와 같은 전기차는 내연기관 자동차만큼 수리할 필요가 없고, 프랜차이즈 딜러 방식을 뒤집을 수 있다. 테슬라의 직접 유통 방식은 차량의 수명 기간 동안 소비자 서비스 비용을 최소화하도록 설계되어 전기차의 비용 경쟁력을 더욱 높였다.

결과

모델 S는 즉각 성공을 거두었다. 2012년에 출시되자마자 전 세계에서 가장 많이 팔린 전기차가 되었다. 2015년 『카 앤드 드라이버』는 모델 S를 '세기의 자동차'로 선정했다. 대기 중인 소비자가 너무 많아서 대기자 명단을 작성하기 시작했다. 미국 판매가 대부분을 차지했으나 유럽 전역과 중국에서도 커다란 성과를 거두었다.

모델 S는 동급 차량보다 초기 비용은 높지만 운영비용이 낮았다. 크레디트스위스 투자은행의 분석에 따르면 모델 S의 운전자는 연료비로 매월 34달러가 들지만 중형 고급 가솔린 세단의 경우 매월 175달러가 든다. 더구나 전기모터의 단순성으로 인해 유지비용은 더 크게 낮아진다.[21]

소비자는 열광했다. 스웨덴에 사는 재주 많은 테슬라 소유자는 생전 처음 가솔린차를 시운전하는 상황을 상상하여 패러디 글까지 썼다. 당연히 이 가상 시운전은 잘 되지 않았고, 운전자는 "여전히 가솔린차를 견뎌야 하는 우리의 불쌍한 통근자들"에게 연민을 느끼며

글을 끝맺는다.[22]

테슬라는 제2차 세계대전 이후 대중 시장에 성공적으로 진입한 최초의 미국 자동차 회사이자, 전기차를 독점한 최초의 회사가 되었다. 그러나 모델 S의 성공은 머스크와 그의 팀에 문제를 야기했다. 테슬라는 노트북과 휴대폰용 리튬이온 배터리의 학습곡선을 활용하여 비용을 낮췄고, 이들 부문이 계속 성장하면서 비용은 더욱 낮아졌다. 테슬라의 비밀 마스터플랜의 세 번째 부분인 '더 저렴한 차 만들기'를 위해서는 배터리 비용을 더욱 줄여야 했다. 그런데 테슬라 전기차에 공급하는 배터리 수요가 노트북과 휴대폰의 수요를 능가하기 시작했다. 2014년 테슬라 모델 S 생산에 필요한 배터리가 전 세계 리튬이온 배터리 생산량의 40%를 차지할 것으로 추정되었다.[23] 그러자 머스크는 또 한 번 혁신을 시도한다. 기가팩토리를 세워 리튬이온 배터리에 대한 학습곡선을 내부화하기로 결정한 것이다.

기가팩토리의 탄생

2014년, 테슬라는 네바다 주 스파크스에 세계 최대의 리튬이온 배터리 공장인 '기가팩토리(Gigafactory)'를 착공한다. 그 크기는 어마어마하다. 기가팩토리가 완공되면 세계에서 가장 큰 건물이 될 것이다. 기가팩토리는 전 세계 리튬이온 배터리 생산량보다 많은 연간 35GWh의 리튬이온 배터리를 생산할 수 있는 공장이다.[24] 이는 연간 40만 대 이상의 테슬라 전기차를 만들기에 충분한 배터리다.

더 중요한 점은 기가팩토리가 학습곡선을 활용해 2020년까지 테슬라 배터리팩 가격을 30% 낮출 계획이라는 것이다.(역주: 실제로는 50%를 낮췄다.)[25] 그렇게 되면 테슬라는 자신만의 선순환을 만들 수 있게 된다. 배터리 가격이 낮아지면 테슬라의 경쟁력은 높아지고, 수요가 증가해서 배터리 생산은 더 증가할 것이다. 따라서 제조 비용이 더 떨어져 수요를 더욱 끌어올릴 것이다.

테슬라 마스터플랜의 마지막 단계인 '더 저렴한 차 만들기'는 2016년 모델 3이 출시되면서 완성된다. 테슬라는 단 일주일 만에 대당 천 달러씩 계약금을 받으며 사전 주문으로 32만 5천 대를 팔았다. 모델 3은 BMW 3 시리즈 및 유사 차량과 경쟁하도록 설계된 주행거리 350km의 중형 전기 세단이다. 머스크는 테슬라가 수요를 맞추기 위해 "대략 4개"의 기가팩토리를 추가 건설할 것이라고 발표했다.[26]

모방과 경쟁

테슬라 전기차의 놀라운 성공은 기존 자동차 회사들이 자체 EV를 개발하고 출시하도록 자극했다. 토요타는 이미 전기모터와 소형 내연기관차를 결합한 하이브리드 차인 프리우스로 엄청난 성공을 거둔 경험이 있었다. 1997년 출시한 프리우스는 2007년까지 거의 20만 대가 팔렸다.[27] 다른 자동차 회사들도 프리우스와 비슷한 디자인의 하이브리드 차량을 출시했다. 그러나 메이저 자동차 회사들은 대량 판매 시장에서는 전기차가 성공할 수 없다고 생각했다. 자동차 회사들은 1990년대 캘리포니아 시장에서 제대로 된 전기차를 만들려다 완전히 실패했던 기억을 여전히 가지고 있었고, 주행거리 불안, 성능, 배터리 비용 면에서 테슬라가 직면한 어려움을 알고 있기에 대부분의 제조업체는 시장이 충분히 커질 때까지 기다리자는 입장이었다. 그런데 기존 메이저 자동차 회사인 닛산이 리튬이온 배터리의 가능성을 보았다. 다만 닛산의 전략은 테슬라와 크게 달랐다.

2007년 닛산의 모회사인 르노가 메이저 자동차 회사 중 처음으로 야심 찬 EV 프로젝트를 시작했다. 닛산은 대다수 운전자를 위해 설계된 최초의 가족용 중형 전기차 세단인 '리프'를 개발하는 데 56억 달러를 투자한다. 테슬라와 마찬가지로 닛산도 리튬이온 배터리를 채택했다. 그러나 리프의 배터리팩은 더 작아서 주행거리가 160km에 불과했다. 테슬라가 고성능 럭셔리 자동차 시장을 타깃으로 삼았던 것과 달리 닛산은 에너지 절약과 환경적 이점에 초점을 맞춘 자동차로 중형차 시장을 겨눴다.

전기차는 두 가지 중요한 이유로 가솔린차보다 운행비용이 훨씬 저렴하다. 에너지를 동력으로 바꾸는 데 전기모터가 더 효율적이고, 가격도 전기가 가솔린보다 싸다. 미국에서 가솔린차의 평균 연비는 9.4km/l이며, 가솔린 가격은 갤런당 2.30달러(리터당 61센트)로 주행거리당 비용은 74원/km이다. 전기차는 평균적으로 kWh당 6.4km 정도를 간다. 미국 전기요금(0.13달러/kWh)[28]을 기준으로 계산한 주행거리당 비용은 23원/km으로 가솔린보다 70% 정도 저렴하다.[29] 운영비용을 계산하는 또 다른 방법은 달러당 마일이다. 이 같은 수치를 이용하면 전기차는 1달러로 33마일 이상을 갈 수 있는데 가솔린차는 9마일을 간다. 이렇게 운영비가 유리하다는 점에 주목한 닛산은 비용을 중시하는 소비자를 새 EV의 목표로 삼았다. 리프는 2010년 말 절찬리에 출시되었고, 2012년에는 세계에서 가장 많이 팔린 전기차가 되었다.[30]

테슬라의 모델 S가 하이엔드 시장에서 성공하고 닛산의 리프가 로엔드에서 성공하자 자동차 제조 기업들은 전기차가 성공할 수 있다는 희망을 가지게 되었다. 그러나 전기차 시장이 성장하기에는 아직 벽찬 장애물이 남아 있었다.

성장의 장애물

주행거리 불안, 즉 목적지에 도착하기 전에 배터리가 고갈될 것이라는 두려움은 처음부터 전기차 산업을 괴롭혔다. 사실, 주행거리 불안은 거의 완전한 오해다. 운전 습관을 분석해보면 미국 운전자의 95%가 50km 미만, 98%는 80km 미만을 주행한다.[31] 가장 작은 EV조차도 재충전 없이 갈 수 있는 거리다. 주행거리 불안에 대한 확실한 해결책은 전기차 배터리를 키우는 것이다. 그러나 큰 배터리는 제조원가를 키우고 내연기관차와의 가격 경쟁력을 떨어뜨린다. 주행거리 불안이 근거 없을지라도 걱정 많은 소비자를 잡으려면 배터리 가격을 더 낮춰야 한다. 테슬라와 다른 회사들 모두 이미 배터리 비용 절감에 초점을 맞추고 있었지만 주행거리를 늘리려면 추가적인 비용 절감이 필요했다.

주행거리 불안을 해결하는 또 다른 방안은 고속 충전소 수를 늘리는 것이다. 미국 전기차의 30%가 있는 캘리포니아에서 실시한 조사

에 따르면, 대부분의 전기차 운전자가 충전소 부족을 우려했다.[32]
2017년 미국의 내연기관 자동차는 12만 개가 넘는 주유소에서 가
솔린을 채울 수 있었다.[33] 반면 전기차는 충전소가 16,000개에 불과
했다. 더구나 모든 충전소에서 전기차의 모든 모델을 충전할 수 있
는 것도 아니었다.[34] 실제로 가장 멀리 떨어진 충전소조차 주행거리
내에 있음에도 전기차 운전자들은 사방에 있는 주유소를 보며 전기
차 충전소가 심각하게 부족하다는 불안감에 시달린다. 주행거리 불
안에 대한 소비자의 인식을 바꾸려면 공공 충전소의 가용성을 대폭
확장해야 한다.

미래로의 귀환

헨리 포드와 토머스 에디슨은 대중적인 전기차 개발에 실패했다.
한 세기가 지나 포드 자동차는 전기차에 수십 억 달러를 투자하고 있
다. 2017년 포드의 CEO 마크 필즈는 "향후 15년 내에 글로벌 전기
차 생산량이 가솔린차를 넘어설 것을 반영해 전기차 투자를 늘리고
생산 라인을 확장할 것"[35]이라고 발표했다. 포드는 또한 유럽에서 고
속 충전소에 투자하고 미국에서는 무선 충전소를 개발하고 있다.

전기차의 부상과 재생에너지 확산 사이의 연관성은 분명하지 않
다. 이는 '융합'으로 알려진 과정인데, 두 부문의 성공에 핵심적인
것이다. 그러나 재생에너지와 전기차의 융합을 다루기 전에 먼저 두
부문이 '패리티'를 향해 가는 상황을 이해해야 한다.

9
패리티(Parity)

우리는 풍력이나 태양광이 고프다. 내일 당장 10억 달러나 30억 달러가
필요한 태양광 프로젝트를 들고 오더라도, 투자할 준비가 되어 있다.
다다익선이다. — 워런 버핏, 버크셔 해서웨이 연례 주주 회의, 2017

그리드 패리티

패리티(Parity)는 재생에너지 발전 전기가 화석연료 발전 전기와
가격이 같아지는 지점이다. 흔히 그리드 패리티라고 할 때는 재생에
너지가 화석연료와 경쟁할 수 있게 되었다는 의미다. 당연히 재생에
너지 업계는 그리드 패리티 도달을 오랫동안 아주 중요한 핵심 목표
로 설정해왔다.

전력은 원자재 상품이므로 그리드 패리티는 강력한 개념이다. 전
기를 소비하는 가정, 기업 및 산업은 재생에너지 전기의 값이 현재
전기회사에 내는 요금(그리드 가격이라 한다)보다 싸거나 같으면 화
석연료 발전에서 재생에너지 발전으로 전환한다. 6장에서 설명했던

태양광 리스 사업을 보면, 소비자는 투자 초기에 목돈이 안 들고 매달 내는 돈이 전기요금보다 적어지면 집에 태양광 패널을 설치한다. 태양광 리스 회사는 매월 전기요금을 절약할 수 있으면 소비자들이 화석연료 전기에서 지붕 태양광발전으로 바꿀 가능성이 높다는 것을 알았다.[1] 미국 최대의 태양광 리스 회사인 솔라시티를 설립한 린든 리브는 그리드 패리티보다 가격이 낮은 태양광의 경쟁력을 간결하게 요약했다. "더러운 에너지를 비싸게 쓰는 것과 깨끗한 에너지를 싸게 쓰는 것 중 어느 쪽을 선택하겠는가?"[2]

재생에너지인 풍력과 태양광 전기는 어느 지역에서는 그리드 패리티에 도달했지만 그렇지 못한 지역도 있다. 전기요금은 다양해서 미국 내에서만 2~3배 차이가 나며, 다른 나라에서는 차이가 더 크다. 그리고 풍력과 태양광 발전의 전기요금은 이 책의 앞부분에서 설명했듯이 설치 위치에 따라 크게 달라진다. 따라서 그리드 패리티 개념은 지역에 따라 실질적인 유용함의 정도가 달라진다.

2016년의 연구에 따르면 미국은 25개 주에서 주택용 태양광이 그리드 패리티에 도달했다. 집주인이 태양광 패널을 설치해 전력망보다 싸게 전기를 쓸 수 있다는 뜻이다.(그래프 9.1) 햇빛이 좋은 캘리포니아 같은 주는 태양광 설비에 내리쬐는 풍성한 햇빛과 비싼 전력망 요금 효과가 합쳐져 빠르게 그리드 패리티에 도달했다. 반면에 전혀 다른 곳도 있다. 노스다코타 주는 북쪽이라 햇빛이 적고 전기요금이 매우 낮아서 주택용 태양광발전으로 비용을 절감할 수 없다.

태양광과 풍력의 비용이 계속 감소하면서, 더 많은 지역이 그리드

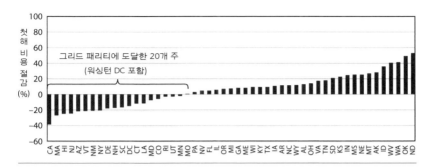

9.1 그리드 패리티에 도달한 미국의 주(Cory Honeyman, "U.S. Residential Solar Economic Outlook 2016-2020: Grid Parity, Rate Design and Net Metering Risk," GTM Research, https://www.greentechmedia.com/research/report/us-residential-solar-economic- outlook-2016-2020#gs.aTprBdE)

패리티에 도달하고 더 많은 소비자가 화석연료 전기를 재생에너지로 바꾸고 있다. 그러면 재생에너지 수요가 증가하고 학습곡선은 생산 비용을 낮추어 선순환이 반복된다. 그러나 그리드 패리티는 처음 생각했던 것보다 훨씬 복잡한 개념이다.

그리드 패리티 논쟁

그리드 패리티를 단순하게 보면 오해할 수도 있다. 전기가 원자재 상품이라고 해서 가격이 전부는 아니다. 가격은 그 에너지의 경쟁력을 나타내는 여러 척도 중 하나일 뿐이다. 모든 에너지는 다양한 직간접 보조금을 받는데, 그것이 최종 소비자 가격에 영향을 준다. 많은 나라에서 풍력 및 태양광 등 재생에너지에 정부 보조금을 준다. (이 점은 6장에서 설명했다.) 마찬가지로 화석연료 발전에도 정부 보조금이 지원된다. 화석연료에 대한 전 세계의 보조금은 2014년에 총 4,450억 달러였고, 미국에서만 200억 달러에 이른다.[3] 국제에너지기구(IEA)에 의하면 화석연료 보조금은 재생에너지의 거의 네 배에 달한다.[4]

정치인들의 빈번한 논쟁에도 불구하고, 정부 보조금은 상대적으로 측정하기 쉽다. 그리고 보조금을 고려해 그리드 패리티 계산을 보정할 수 있다. 실제로 그리드 패리티에 대한 대부분의 보고서는 보조금이 있는 경우와 없는 경우를 다 계산한다. 더 중요한 것은 정부 보조금에 대한 논쟁이 그리드 패리티를 둘러싼 두 가지 핵심 문제를 놓치고 있다는 점이다. 두 가지 모두 중요하지만 계산하기 어려운데, 바로 외부 효과와 간헐성이다.

• **외부 효과:** 화석연료를 연소하여 발전하면 이산화탄소 등의 유해가스가 방출되어 대기 오염과 기후변화의 원인이 된다. 오염은 외부 효과다. 외부 효과란 상품과 서비스 가격에는 반영되지 않지만 생산 과정에서 나타나는 부작용을 표현하는 경제학 용어다. 화석연료 발전은 몇 가지 부정적인 외부 효과를 만들어내고 그 결과 사회가 부담을 지고 비용을 치르지만, 막상 오염 유발자는 그러지 않는다. 석탄 연소는 기후변화를 유발하는 것 외에도 산성비의 원인인 이산화황과 독극물인 수은을 방출한다. 이런 외부 효과는 화석연료 발전의 전기요금에는 반영되지 않는다. 전기요금으로는 실제 그 에너지로 인해 치러야 하는 진짜 비용은 알 수 없는 것이다. 반면에 재

생에너지인 풍력과 태양광은 오염 물질을 방출하지 않으므로 부정적인 외부 효과나 비용을 발생시키지 않는다. 안타깝게도 그리드 패리티 계산에는 화석연료 연소로 인해 발생하는 이런 부정적인 외부 효과와 그에 따른 비용이 고려되지 않는다.

- **간헐성:** 풍력과 태양광은 바람이 불거나 해가 있어야 전기를 생산할 수 있지만, 소비자가 기대하고 필요로 하는 것은 꾸준한 전력 가용성이다. 화석연료와 원자력은 하루 24시간 일정한 전력, 즉 기저 부하를 발전할 수 있다. 그리고 전력 수요는 하루 동안에도 시시각각 변하는데, 가스화력 발전소는 필요에 따라 출력을 늘리거나 줄이며 급전 가능 전력을 제공하는 데 매우 효과적이다. 그러나 그리드 패리티 계산에는 기저 부하와 급전 가능 발전에 적절한 화석연료 발전의 가치가 고려되지 않는다. 다시 말해 재생에너지의 간헐성은 제어 가능한 발전원과 균형을 이룰 수 있도록 다뤄야 하는 데, 실제로는 그리드 패리티 계산에 포함되지 않는다.

따라서 그리드 패리티는 불완전한 개념이다. 재생에너지 쪽은 화석연료 연소로 인한 부정적인 외부 효과와 비용을 비판하지만, 화석연료 쪽은 기저 부하 및 급전 제어가 가능한 발전의 내재적 가치를 강조한다. 이처럼 그리드 패리티는 논쟁을 부르는 개념이다. 그렇더라도 그리드 패리티는 중요한 개념이다. 전기는 주로 가격에 따라 구매하는 상품이기 때문이다. 재생에너지 발전 전기요금이 화석연료 발전 전기요금과 같아지면 소비자는 에너지원을 바꾼다. 더 중요한 점은 그리드 패리티 개념에 대해 벌어지는 격렬한 논쟁이 큰 그림을 놓치고 있다는 사실이이다. 재생에너지 비용은 꾸준히 낮아지고 있으며, 화석연료와 동일한 수준을 지나 더욱더 싸지고 있다. 즉, 그리드 패리티 너머로 나아가고 있다.

그리드 패리티 너머

이미 많은 지역에서 풍력과 태양광의 발전 비용은 화석연료와 경쟁하는 수준 정도가 아니라 훨씬 더 저렴하다. 새로운 기술, 더 효율적인 생산이 합쳐져 이러한 추세를 이끄는 원동력이 되고 있다. 가령 태양광 부문의 유틸리티급 프로젝트에서는 패널이 온종일 태양 방향을 따라 움직이는 추적기(트래커)를 사용해 발전량을 최대 6%까지 늘리고 LCOE를 낮춘다.[5] 복잡한 알고리즘과 머신 러닝이 실시간 트래킹을 지원하며 일 년 내내 변하는 태양의 각도에 따라 패널을 제어한다. 업계는 2021년까지 육상 태양광 프로젝트의 거의 50%가 추적기를 사용할 것으로 본다.[6]

풍력발전에서도 효율을 개선하고 발전 비용을 낮추기 위해 신기술을 적용했다. 희토류 합금으로 만드는 기어리스 터빈과 자석은 풍력터빈의 신뢰성을 향상시킨다. 블레이드 설계 혁신만으로도 발전 출력이 12% 증가하였다.[7] 가장 중요한 것은 풍력터빈 출력이 계속 증가하고 있다는 것이다. 미국에서 일반적인 풍력 타워의 출력은 1.5MW인데, 현재 15MW 시제품이 개발 중이다.[8] 이 거대한 기계는 바람이 더 강하고 일정하게 부는 해상에 설치될 것이다.

주택 소유자들과 분산 에너지의 매력

전기는 원자재 상품이라서 가격이 구매를 결정하는 주요소이다. 그리고 소비자는 발전원에 대해서는 관심이 없다. 하지만 그런 소비자들도 자기 집이나 회사 옥상에서 전기를 만들어내는 분산 에너지 아이디어에는 무척 흥미를 느낀다. 태양광은 대부분의 건물 옥상에 설치할 수 있어서 가장 친숙한 분산 에너지다.

분산 에너지의 매력은 경제성만큼이나 심리적 요인에 있다. 대부분의 주택 소유자는 유틸리티를 못 미더워한다. 컨설팅 회사인 액센추어의 조사에서는 유틸리티를 신뢰하는 고객이 4분의 1에도 못 미치는 것으로 나타났다.[9] 주택 소유자는 유틸리티 전기요금과 같거나 낮으면 직접 발전기를 설치해 제어하는 편을 선호한다. 유틸리티를 못 믿는 집주인이라면 태양광발전이 이상적인 대안이다.

재생에너지의 또 다른 심리적 양상은 전염 효과다. 가까운 이웃이 태양광 패널을 설치하면 따라 설치하게 된다.[10] 더 많은 주택에 재생에너지가 설치될수록 위험에 대한 인식도 바뀐다. 한때 새롭고 잠재적으로 위험하다고 인식했던 발전원도 뉴노멀, 즉 정상이 된다. 주택 건설 산업은 이에 주목했다. 미국 상위 10대 주택 건설업체 대부분이 신축 건물에 태양광 패널을 기본 사양 또는 옵션 사항으로 제공한다.[11]

재생에너지 비용이 그리드 패리티 아래로 떨어지면, 주택 소유자들은 유틸리티가 제공하는 화석연료 전력보다 분산 재생에너지를 선호하는 심리적 선택에 따라 행동할 수 있는 경제적 동기를 얻게 된다. 그리드 패리티를 달성한 지역에서는 주택 소유자의 재생에너지 채택률이 놀랍도록 높다. 호주에서는 주택용 태양광 보급률이 불과 8년 만에 거의 0에서 23%로 증가했다.[12] 일부 호주 도시에서는 거의 70%에 이르는 가구가 태양광 패널을 설치했다.[13] 소비자가 빠르게 태양광을 설치하는 곳은 햇살 가득한 호주만이 아니다. 캘리포니아에서는 그리드 전력보다 싸다는 이유로 전체 주택의 8%에 태양광 패널이 설치되었다.[14]

탈중앙화된 재생에너지 발전이 증가하면서 '프로슈머(prosumer)'라고 불리는 에너지 소비자가 나타났다. 이들은 집이나 일터에 태양광 패널을 설치해 발전하고 소비하는 주택 소유자 또는 기업이다. 프로슈머는 에너지 생산을 스스로 통제할 수 있다는 점에서 재생에너지에 특별한 매력을 느낀다. 분산 에너지를 가졌어도 이들은 전력망과의 연결을 유지하며, 발전된 양보다 많은 에너지가 필요할 때는 전력망에서 전기를 끌어다 쓴다. 마찬가지로, 필요한 것보다 더 많이 발전되면 잉여 전력을 전력망에 판다. 그리고 그 전기는 다른 소비자들에게 재판매된다.

태양광 및 풍력 발전이 그리드 패리티를 돌파하면 주택 소유자는 자기 집의 에너지원을 스스로 통제하고픈 욕구를 따르면서 동시에 비용을 절감할 수 있다. 주택을 가진 프로슈머들이 재생에너지의 혜택을 처음 활용했다면, 이제는 기업들도 동참하고 있다.

기업의 비용 절감

2015년, 애플 사는 전 세계에서 소비하는 에너지를 100% 재생에너지(역주: RE100이라 한다)로 하겠다는 목표를 발표하고, 2017년에 재생에너지 96%로 목표를 거의 달성했다. 시가 총액 기준으로 세계에서 가장 비싼 애플은 재생에너지 전환의 이유를 몇 가지 제시했지만 가장 큰 동인은 비용 절감이다.[15] 애플은 풍력 및 태양광 프로젝트와 장기 계약함으로써 매우 낮은 고정 요금을 달성했다. 그리고 이는 비단 애플만의 이야기가 아니다.

비용 절감에 집중하는 것으로 유명한 월마트는 2015년에 재생에너지로 전력의 25%를 조달했으며, 2016년에는 2025년까지 필요한 전력의 50%까지 재생에너지를 늘리고 장기적으로는 100% 재생에너지를 달성하겠다는 계획을 발표했다.[16] 월마트의 CEO 빌 사이먼에 따르면 "이것은 사업적 판단이다. 우리가 구입하는 재생에너지는 그리드 가격보다 같거나 싸다."[17] 애플과 월마트 외에도 코카콜라, 페이스북, 시티그룹, GM, H&M, J&J, 나이키, 스타벅스 등 100개 이상의 다국적 기업이 향후 100% 재생에너지로 전환할 계획을 발표했다. 민간 부문이 전 세계 에너지 소비의 절반을 차지한다는 점을 감안할 때, 이러한 약속은 세계적으로 재생에너지 수요를 크게 증가시켜 비용을 더욱 낮추게 될 것이다.

유틸리티와 저비용 발전

대부분의 매스컴은 재생에너지 분야에서 주택과 기업의 수요 증가에 관심을 두고 있지만, 가장 큰 변화는 유틸리티 산업 자체에서 찾을 수 있다. 6장에서 설명한 대로 많은 국가에서 유틸리티는 재생에너지 의무 구매 규제를 받는다. 그러나 재생에너지 전기가 화석연료 전기와 가격이 같아지면서 유틸리티는 정부 보조금이 없어도 풍력 및 태양광 프로젝트에서 점점 더 많은 전력을 구매하기 시작했고, 그에 따라 재생에너지의 LCOE는 더욱 낮아졌다. 석탄발전이나 가스발전 플랜트는 프로젝트 발굴과 인허가 및 건설에 여러 해가 걸린다. 이에 비해 풍력 및 태양광 프로젝트는 불과 몇 개월 만에 건설할 수 있어서 비용 절감을 원하는 유틸리티라면 신속하게 움직일 수가 있다. 매우 짧은 기간에 유틸리티 규모의 태양광 및 풍력 프로젝트가 신규 발전 설비로 인기를 끌게 되었다. 2016년 미국에서는 태양광과 풍력이 신설 발전 설비의 65%를 차지했는데, 천연가스의 29%와 비교된다.[18] 현재 대부분의 국가에서 유틸리티가 신규 건설하는 발전은 다른 어떤 방식보다 재생에너지가 훨씬 많다.[19]

태양광 부문에서는 유틸리티급 프로젝트가 전력 공급 경매에서 천연가스와 석탄발전을 이기고 있으며, **정부 보조금 없이도** 충격적으로 낮은 가격으로 발전을 한다. 2017년에 인도의 유틸리티급 태양광 프로젝트는 kWh당 3.9센트에 해당하는 현지 통화(인도 루피)로 전력을 계약했다. 이는 전년도에 기록한 사상 최저 가격보다 40% 하락한 수준이며, 석탄발전의 평균 요금인 kWh당 5.0센트보다 훨씬 낮다.[20] 2016년 칠레 경매에서는 세계 최저 입찰가인 kWh당 2.91센트로 태양광 회사들이 낙찰을 받았으며, 그중 우세한 회사가 이 가격으로 20년 동안 국가에 전력을 공급할 예정이다.[21] 그로부터 불과 한 달 후 아부다비 태양광 프로젝트는 2.42센트에 전력 구매 계약을 맺어 최저 기록을 경신했다.[22]

유틸리티는 풍력의 낮은 전기요금도 이용한다. 2017년 인도 최초의 풍력 경매에서 한 풍력발전 회사는 석탄발전보다 약간 낮은 5.4센트/kWh 입찰가로 낙찰을 받았다.[23] 미국의 풍력발전 전력은 kWh당 평균 2.4센트까지 하락했는데, 이는 평균 도매가격보다 훨씬 낮다.[24] 가장 유망한 유틸리티급 풍력 프로젝트는 해상풍력이다. 세계 곳곳의 바다는 가장 강하고 일정한 바람이 부는 곳이다. 풍력 개발사는 여러 곳에 최대 규모급 해상 풍력발전을 세웠다. 최초의 해상 풍력단지는 덴마크 인근 해역에 건설되었는데, 현재 영국 해협과 북해에도 대규모 풍력단지가 세워지면서 이런 추세가 유럽 전역으로 퍼지고 있다.[25]

전 세계의 유틸리티들이 대규모 유틸리티 규모의 풍력 및 태양광 프로젝트에 관심을 가지면서 상당한 전력을 매우 저렴하게 생산하고 있다. 이들 재생에너지 프로젝트는 정부 보조금 없이도 그리드 패리티보다 낮은 가격으로 발전하며, 가장 중요한 기준인 가격에서 화석연료 발전을 능가한다. 그리고 투자자들을 끌어들이고 있다.

자본 유입

이 장의 앞부분에서 전기를 상품이라고 설명했다. 자본도 상품이다. 투자자들은 리스크 조정 수익률을 극대화하는 방식으로 자본을 배치한다. 바꿔 말하면, 투자자는 위험 자산에 투자할 때는 더 높은 기대 수익을 요구한다. 따라서 자본의 가격은, 단순하게 말하면 투자자가 요구하는 위험 조정 수익이다. 그리고 다른 모든 상품과 마찬가지로 투자금도 대체 가능하다. 이는 투자자가 자본을 더 비싼 자산에서 덜 비싼 자산으로 빠르게 움직인다는 뜻이다. 마치 소비자가 전기를 쓸 때 비싼 공급자에서 싼 공급자로 이동하는 것과 같다.

재생에너지처럼 새로운 투자 부문은 초기에 자본의 대체 가능성이 문제가 된다. 축적된 성과 데이터가 부족하면 투자자는 새로운 부문이 위험하다고 여긴다. 그러면 해당 부문에 자본을 할당할 때 높은 수익을 요구한다. 또한 자본 시장은, 특히 미국과 같은 선진국 시장은 매우 효율적이라 투자자 대부분은 투자 기회에 대해 동일한 결론에 도달한다. 경험 많은 투자자가 어떤 부문이 위험하다고 판단하면 다른 투자자 대부분도 같은 판단을 하게 되고, 기대 수익이 매우 높지 않은 한 자본은 들어올 수 없다.

하지만 반대도 마찬가지이다. 투자자가 어떤 분야가 위험이 낮다고 평가하면 기대 수익은 낮아진다. 투자자의 예상 위험 조정 수익률이 신규 사업의 예상 수익률 아래로 떨어지면 자본이 해당 부문의 자산으로 유입되기 시작한다. 그리고 모든 상품처럼 일단 자본이 들어오기 시작하면 대량으로 흐르는 경향이 있다.

이것이 워런 버핏의 버크셔 해서웨이 같은 투자자들이 자본을 재생에너지 부문으로 옮기는 이유다. 버크셔 해서웨이 에너지는 풍력, 태양광, 지열 및 수력 발전 자산을 소유하고 있다. 이 회사가 소유하

9.2 워런 버핏(출처: 위키미디어 공용 라이선스)

거나 계약한 총 발전 용량의 39%를 재생에너지 및 비탄소 에너지가 차지한다.[26] 2016년 버크셔 헤서웨이의 에너지 사업은 총 이익 240억 달러 중 거의 10%를 벌었다. 버크셔 해서웨이의 2017년 주주 총회에서 버핏이 "우리는 풍력이나 태양광이 고프다. … 많으면 많을수록 좋다"라고 말한 것은 재생에너지 투자가 이제 위험 조정 기준으로도 매력적이라는 사실을 반영한다.[27] 당연히 이런 투자자는 버핏 혼자가 아니다. 2017년 중반, 세계 최대 자산 관리 회사인 블랙록은 연기금 및 기타 기관 투자자로부터 15억 달러를 모아 풍력 및 태양광 프로젝트에 투자했다. 골드만삭스와 다른 주요 투자 회사들도 똑같이 하고 있다.[28] 재생에너지 분야는 2009년 이래 매년 2,300억 달러 이상의 투자 자본을 유치했다.[29] 시야를 전 세계로 넓혀보면 재생에너지에 대한 투자가 원자력, 석탄, 천연가스, 석유 등 어떤 단일 발전원보다 더 많다.[30]

풍력 및 태양광이 그리드 패리티에 도달하면서 주택, 기업 및 유틸리티의 관심을 근본적으로 바꾸어 풍력 및 태양광 수요를 키우고 있다. 동시에 기관 투자자들은 풍력 및 태양광 프로젝트의 위험 수익률 형태가 매력적임을 깨닫고, 프로젝트 개발에 대한 자본 투자를 크게 늘렸다. 낮은 비용, 높은 수요, 매력적인 자금 조달이라는 삼박자가 재생에너지 분야의 극적인 성장을 가능케 했다. 우연히도 비슷한 이야기가 별개의, 하지만 연관이 없지 않은 분야에서도 펼쳐진다. 그 분야는 바로 전기차다.

전기차 패리티

패리티 개념은 전기차에도 적용된다. 역사적으로 EV는 비싼 배터리 때문에 내연기관차보다 비쌌다. 그러나 8장에서 설명했듯이 배터리 원가는 빠르게 떨어지고 있다. 결국 EV 가격은 가솔린차와 같아질 것이다. 언제쯤일까?

이 질문이 중요한 이유는 가격 패리티가 소비자, 특히 기업과 산업에서 일어날 전기차 수요 증가의 변곡점이 될 수 있기 때문이다. 자동차는 전기와 달리 원자재 상품은 아니다. 즉, 소비자가 자동차를 선택할 때는 단순히 가격만이 아닌 다양한 요인을 고려해 결정한다. 그렇더라도 소비자 가격은 수요를 결정하는 주요 요인이다. 전

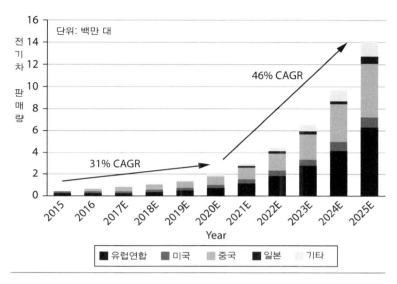

단위: 백만 대

전기차 판매량

46% CAGR

31% CAGR

2015　2016　2017E　2018E　2019E　2020E　2021E　2022E　2023E　2024E　2025E

Year

■ 유럽연합　■ 미국　■ 중국　■ 일본　▨ 기타

9.3 전기차 판매량(단위: 백만 대, "UBS Evidence Lab Electric Car Teardown," UBS Limited, www.advantagelithium.com/_resources/pdf /UBS-Article.pdf)

기차 가격이 가솔린차와 같은 수준으로 떨어지면 수요가 솟아오를 것이다. 특히 전기차의 생애 주기 운영 유지비가 훨씬 저렴하기 때문에 수요 급증은 분명해 보인다.

변곡점?

자동차 가격은 나라마다 다르다. 두 가지 자동차 모델의 가격이 같은 경우도 없다. 하지만 최근 여러 연구에 따르면, 동급의 가솔린차와 비교해 가격 패리티에 도달하면 전기차 판매의 변곡점이 올 것이다. 스위스 은행인 UBS는 빠르면 유럽은 2018년, 중국 2023년,

미국은 2025년에 전기차 가격이 내연기관차 가격과 비슷해질 것으로 예측한다.[31] 블룸버그와 투자은행 모건 스탠리의 분석가들도 2025년에는 미국과 유럽에서 가격 패리티가 이루어질 것으로 예상한다.[32] 전문가 대부분이 2020년에서 2025년 사이에 전기차와 가솔린차 간의 가격 패리티를 예상하며, 이때부터 전기차 수요가 폭발할 것이라는 데 보편적으로 동의한다. UBS는 가격 패리티가 EV 판매 성장에 얼마나 중요한지를 설명하는데(그래프 9.3 참조), 유럽과 중국 시장에서 패리티에 근접해가는 2020년 이후로 연평균 성장률(CAGR)이 무려 46%에 달한다.

내일의 패리티, 오늘의 개발

2017년에 미국에서 출시된 신모델 차 중 4분의 1이 전기차였다.[33] 그런데 전년도 전기차 판매량은 신차의 1%에도 못 미쳤다.[34] 판매 실적과 새 모델 사이의 이상한 불일치는 신차 설계에서 쇼룸 전시까지 걸리는 시간이 길기 때문이다. 즉, 자동차는 리드 타임이 길다. 자동차 산업에서 신차 설계에는 6년이 걸리고, 전문가들은 지금으로부터 6년 후에 전기차가 전통적인 내연기관차와 가격 패리티를 이룰 것으로 예상한다.[35] 이는 미래에도 경쟁력을 유지하고 싶은 자동차 회사라면 바로 오늘 새로운 전기차 개발에 착수해야 한다는 뜻이다. 이것이 바로 지금 벌어지고 있는 일이다.

2017년 7월, 볼보는 2019년부터 모든 신차를 하이브리드 또는 전기차로 하겠다고 발표한 최초의 메이저 자동차 회사가 되었다.[36]

그 후 자동차 제조 선도 기업들이 잇따라 비슷한 발표를 한다. 세계 최대 자동차 제조업체인 폭스바겐은 2025년까지 전기차 신모델 80가지를 출시하고, 나아가 2030년까지 300개의 모든 모델을 하이브리드 또는 완전 전기차로 할 계획이다.[37] 미국 최대 자동차 회사의 제품 개발 최고 책임자는 이렇게 선언했다. "GM의 미래는 완전한 전기화다."[38]

전기차의 진격은 어느 정도는 자기 충족적이다. 미국소비자연맹의 연구에 따르면 청년의 70%가 "가솔린차와 가격이 같고, 운영 유지비가 낮고, 주행거리 300km 이상, 충전 시간 1시간 이내"면 전기차 구매를 고려할 의향이 있다.[39] 2017년에 이미 여러 전기차 모델이 이런 조건을 달성했다. 출시 당시 닛산 리프의 가격은 3만 달러부터 시작했다.[40] 전기모터의 고효율과 저렴한 충전요금이 합쳐지면 동급 자동차에 가솔린을 채우는 것보다 EV 충전이 훨씬 싸다. 미시건 대학의 2018년 연구에 따르면 EV의 연료비는 가솔린차의 절반도 안 된다. 가솔린차는 연평균 1,117달러가 들고 EV는 485달러가 든다.[41] 그리고 EV는 움직이는 부품이 적어 유지관리비도 저렴하다.[42] 완전 전기차인 셰보레 볼트, 테슬라 S 및 X는 모두 주행거리 300km 이상이며 배터리 용량의 80%를 30분 내에 충전할 수 있다.[43]

미국소비자연맹의 같은 연구에서 청년들은 전기차에 대해 더 알게 될수록 구매를 고려할 가능성도 높아진다고 조사되었다. 자동차 회사가 점점 더 경쟁력 있는 EV를 출시하면, 판매가 가속화되어 소비자들은 전기차를 더 자주 보게 되고 대중의 인식도 변할 것이다. 전기차와 가솔린차 간의 가격 패리티는 완전 전기차 시대를 여는 변곡점이 될 것이다.

대부분의 연구가 승용차에 초점을 두지만, 전기차가 가솔린차를 이기는 현상은 대형차 부문의 시장에서 시작될 수 있다.

전기트럭과 전기버스

2017년 말, 테슬라는 주행거리가 800km를 넘는 대형 전기차 계획을 발표했다. 이 발표에 관심이 쇄도했지만, 테슬라가 대형 전기차를 홍보한 최초의 회사는 아니다. 대형 전기차는 디젤차나 가솔린차와 달리 배기가스가 없고 운영비가 싸다. 그래서 소란 떨지 않으며 견실하게 성장하고 있었다.

인도 뉴델리는 디젤버스를 무공해 전기버스로 바꾸고 있다. 도시 건강을 해치는 스모그를 없애기 위해서다. 2017년 11월 뉴델리는 오염 수준이 세계보건기구(WHO)의 허용 기준을 30배 초과해, 공중 보건 비상사태가 발령되고 학교 폐쇄 및 비행 금지가 시행되었다. 그 달에 시는 500대의 공공 버스를 모두 전기버스로 교체하기로 결정했다.[44] 마찬가지로 중국 심천시도 2017년 말까지 1만 4천 대의 모든 시영 버스를 전기차로 바꾸기로 했다.[45] 전기버스는 혼잡한 도시에서 효과적으로 스모그를 줄이는 대중교통이며, 대기 환경이 열악한 아시아 전역의 도시에 큰 도움이 된다. 게다가 전기버스는 도시 재정을 절약해준다.

뉴욕 시는 컬럼비아 대학에 의뢰해 디젤버스를 전기버스로 교체하는 비용을 조사했다. 이 조사에 따르면 전기버스가 초기 구매 비용은 대당 30만 달러가 더 들지만, 연료 및 유지관리 비용이 낮아서 구매와 운영에 드는 총비용이 16만 8천 달러나 낮았다.[46] 이 결과는 시민들의 의료비 절감과 공중보건 비용 절감은 고려하지 않은 것이다. 디젤 엔진은 다양한 호흡기 및 심장 질환을 일으키는 유해 입자를 방출한다. 보고서는 디젤버스를 전기버스로 교체할 경우 모든 뉴욕 시 거주자의 건강 비용을 매년 1인당 약 100달러씩 절감할 수 있다고 분석했다. 당연히 뉴욕 시는 전기버스를 도입했다.[47]

트럭 부문에서 전기차에 대한 검토는 무엇보다 비용 절감 가능성을 보고 이루어진다. 트럭 운송 산업은 경쟁이 치열한 분야다. 테슬라는 자사의 전기트럭이 마일당 1.26달러가 들어 1.51달러가 드는 디젤트럭에 비해 비용을 절감하는 중요한 방안이 될 수 있다고 발표했다.[48] 글로벌 컨설팅 회사인 맥킨지&컴퍼니의 분석에 따르면 유럽과 미국에서 200km 이내를 운행하는 경량 전기트럭은 이미 가격 경쟁력이 있다.[49] 그리고 메르세데스 벤츠는 적재 중량 26톤 트럭을 테스트 중인데, 가장 강력한 장거리 트럭을 대체하기 위해서다.[50]

BYD: 네 꿈을 펼쳐라

2008년 워런 버핏의 버크셔 해서웨이는 자회사를 통해 무명의 중국 배터리 제조 기업인 BYD의 지분 10%에 2억 3천만 달러를 투자했다.[51] BYD는 'Build Your Dreams'의 약자이다. 회사 설립자인 왕촨푸의 비전은 내연기관과 정면 승부할 수 있는 전기차 생산이다. BYD는 가장 공격적으로 전기차 패리티를 추구하는 회사다. 다른 회사는 물론이고 테슬라조차도 그 목표에 다가가지는 못했다.

중국 남부에서 설립된 BYD는 충전식 배터리 제조업체로 시작했다. 이 회사는 빠르게 성장하여 중국 최대의 배터리 생산업체가 되었고, 이후 전기차로 확장한다. 2017년에 BYD는 7개의 모델을 가지고 세계 최대의 자동차 시장인 중국에서 가장 많은 전기차를 파는 회사가 되었다.[52] 또한 BYD는 전기버스 및 경량 전기트럭 제조까지 공격적인 확장을 했다. 이 회사는 심천시의 모든 디젤버스를 대체할 1만 4천 대의 전기버스를 공급하고 있다. 워런 버핏의 BYD 투자는 이제 거의 10배인 22억 달러의 가치를 지닌 것으로 평가된다.[53]

전기차와 재생에너지의 관계

그리드 패리티는 풍력과 태양광 발전의 성장을 가속화하고 있으며, 가격 패리티는 곧 전기차의 성장을 가속화할 것이다. 전력과 운송이라는 이 두 거대한 산업의 공생 관계를 융합이라고 한다. 융합은 중요한 임계 현상으로, 21세기 재생에너지가 직면한 에너지 저장 문제를 해결할 길을 열어줄 것이다.

10
융합(Convergence)

2025년에는 누구나 전력을 생산하고 저장할 수 있을 것이다.
그리고 그 전력은 친환경적이고 비용 경쟁력을 갖출 것이다.
— UBS Report, 2014

　풍력과 태양광 발전은 저비용으로 전기를 생산하지만, 간헐성 때문에 전기를 저장할 수 있어야 화석연료를 완전히 대체할 수 있다. 이 조건에 딱 맞게, 전기차는 배터리에 바퀴를 단 것이라 전력망에서 전기를 끌어다 저장하고 필요할 때 사용할 수 있다. 재생에너지를 전기차와 연동하는 융합(컨버전스, Convergence)은 두 가지 문제를 동시에 해결할 수 있다. 즉, 풍력과 태양광의 간헐성 문제를 일소하는 동시에 전기차의 비용을 절감한다. 융합은 복잡한 경제학을 기반으로 한 단순한 아이디어다. 이 경제학을 이해하려면 전력망에서 전기를 관리하는 방법을 알아야 한다.

캘리포니아의 '덕 커브'

전력 소비량은 하루 종일 변한다. 이 변하는 양태를 부하 프로파일이라 하는데, 하루 24시간 동안의 전력 수요 그래프다. 전력 수요는 보통 밤에 가장 낮은데, 사람들이 다 잠들고 기업은 문을 닫기 때문이다. 낮에는 부하 프로파일이 증가하는데, 특히 에어컨이 있는 따뜻한 지역에서 두드러진다. 전형적인 부하 프로파일은 늦은 오후 또는 이른 저녁에 피크 부하라고 부르는 최대치에 도달한다. 이때 기온이 가장 높아지고, 퇴근한 근로자가 에어컨과 조명, 가전제품 및 기타 전기 장치를 켜기 때문이다.

소비자와 기업이 원하는 에너지는 정전 없는 전기다. 이런 요구에 맞추는 것이 현대 전력망의 본질적 과업이고, 이를 부하 프로파일 관리라 한다. 수요는 변덕스럽게 출렁이지만 전력망 운영자는 수요가 낮을 때는 과잉 공급이 없도록, 피크 부하에서는 부족함이 없도록 관리해서 언제나 충분한 전력을 공급해야 한다. 이것은 어려운 과제이며, 특히 간헐적인 발전으로 전기를 생산할 때는 훨씬 더 어려워진다. 설상가상으로 풍력발전은 수요가 가장 낮은 밤에 최대로 발전한다. 바람이 세기 때문이다. 태양광발전은 정오에 최대 출력이고 해가 스러지는 늦은 오후와 초저녁에 발전량이 줄어드는데, 이때는 전력 수요가 피크일 때다.

풍력과 태양광 발전의 간헐성 문제는 캘리포니아에서 뚜렷하게 나타나는데, 이는 재생에너지 발전이 주 전체 전력 부하 프로파일에 영향을 크게 미치기 때문이다. 10.1 그래프는 캘리포니아의 부하 프로파일이다.[1] '총 부하'라고 표시된 실선을 보면 전기 수요는 오전 5시에 최저치를 기록한 다음 하루 종일 서서히 증가하여 오후 7시에 최고치를 기록한다. 문제는 태양광 출력(점선)에서 보듯 태양광발전이 오후 2시경에 최고조에 달한다는 것이다. 이는 총 수요와 태양광 출력 간의 차이인 순수요(부하 - 태양광 - 풍력, 파선)를 변형시킨다. 오리 모양과 비슷한 이 변형된 부하 프로파일을 유틸리티 산업에서는 '덕 커브'라고 부른다.

그리드 운영자는 24시간을 주기로 전력 공급이 수요 곡선을 정확하게 충족하도록 운영해야 한다. 그런데 풍력터빈과 태양광 패널의 전력 공급 증가로 인해 이렇게 운영하는 것이 점점 더 어려워지고

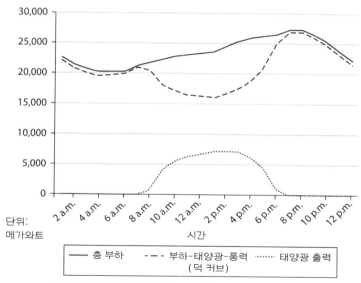

단위: 메가와트

10.1 캘리포니아의 전력 수요 곡선(출처: 위키미디어 공용 라이선스)

있다. 덕 커브에 대한 해결책은 주로 한낮에 남는 전기를 저장해서 해가 진 후 이른 저녁에 사용하는 것이다. 실제로 전력망 규모의 전력 저장 시스템이 이미 많은 국가에서 사용되고 있다.

(역주: 덕 커브에서 문제가 되는 것은 해가 뜰 때는 태양광발전이 급증해 순수요 곡선이 너무 빨리 떨어지고, 역으로 해가 질 때는 너무 빨리 증가한다는 것이다. 전통적인 화력발전이나 원자력발전은 이렇게 빠른 변동에 맞춰 출력을 줄이거나 늘리기 어렵다. 증기를 이용하기 때문이다. 변화에 빨리 대응하는 능력을 유연성이라 하는데, 전력망의 유연성을 위한 가장 좋은 솔루션이 배터리 저장 장치다.)

전력 저장 솔루션

전 세계 그리드 규모 저장 용량의 96% 이상이 양수발전이다. 이는 백 년도 넘은 기술이다.[2] 양수발전은 전기가 남을 때 낮은 저수지의 물을 퍼 올려 높은 곳에 있는 저수지로 보낸다. 전기가 필요할 때는 높은 저수지에 저장된 물을 낙하시키고, 터빈을 통해 발전한다. 양수발전은 필요에 따라 확실하게 발전하여, 신뢰성이 높고 급전 가능한 에너지 저장 시스템이다. 물을 올리고 내리는 과정을 통해 사용한 전기의 70~75%를 다시 전기로 만든다. 왕복 효율성이 70~75%인 저장 장치다.[3]

하지만 불행히도 양수발전은 급증하는 재생에너지의 저장 솔루션이 될 수 없다. 양수발전은 까다로운 지질과 지형 조건을 맞춰야 한다. 두 개의 거대한 저수지를 큰 높이 차이로, 인접한 위치에 건설해야 한다. 그런 조건에 맞는 곳은 몇 군데 안 된다. 더구나 양수발전 건설에는 많은 비용이 든다. 양수발전 설비 건설에 드는 자본 비용은 kWh당 238~350달러 수준이다.[4] 비록 현재는 다른 전력 저장 장치보다 낮은 수준이지만, 문제는 양수발전소 입지 개발과 설비 구축을 위한 광범위한 엔지니어링을 고려할 때 비용이 낮아질 것 같지 않다는 것이다. 양수발전은 입지의 지형적, 지질적 조건에 따라 맞춤형의 엔지니어링 및 설계를 사용해야 한다. 이런 맞춤형 기술은 비용 절감을 위한 학습곡선의 이점을 얻을 수 없다.

투자은행 라자드의 전문가들은 양수발전, 공기 압축, 다중 배터리 기술, 심지어 플라이휠까지 현재 전력망에 설치해 전기를 저장하는 기술을 다양하게 검토했다. 이 모두가 현재는 전력 저장 비용이 상당히 높다. 라자드는 향후 5년 동안 비용이 얼마나 감소할 것인지도 분석 예측했다. 당연히 8장에서 검토한 바와 같이 배터리 비용이 빠르게 감소할 것으로 나왔다. 리튬이온 배터리는 효율이 매우 높다는 장점도 있으며, 충방전 왕복 효율이 92~93%에 달한다. 제조원가도 매년 11%씩 낮아질 것이다.[5] 이러한 장점을 감안할 때 배터리, 특히 리튬이온 배터리는 저장 문제에 대한 최고의 솔루션이 될 것이다. 마침맞게도, 곧 대량의 리튬 이온 배터리에 전기를 저장할 수 있게 된다.

오리 목 자르기

전기차는 대부분 밤과 한낮에 충전한다. 밤은 풍력터빈이 싼 전기

10.2 태양광 전기차(사진 제공: SunPower, https://us.sunpower.com/blog/2015/09/12/el ectric-cars-and-solar-power-go-better-together-green-lifestyle/)

를 많이 발전하고, 한낮은 태양광발전이 많다. 전기차가 주로 이때 충전하는 이유는 자거나 일을 하면서 차를 사용하지 않기 때문이다. 더 좋은 점은, 전기차는 해가 지는 저녁에 운전자가 집으로 돌아온 후 남아 있는 전기를 전력망으로 다시 보낼 수 있다는 것이다. 즉, 전기차는 전력망에 전기가 가장 많을 때 충전하고 부족할 때는 전력망으로 방전할 수 있다. 이런 과정을 V2G(Vehicle-to-Grid)라 한다. 이런 방식을 통해 전기차는 전력망의 수급 균형을 유지하는 문제를 해결하는 유니크한 역할을 하게 되는데, 이를 '오리 목 자르기'라 한다.

전기차가 재생에너지 전력이 쌀 때 충전하고 날씨가 흐리거나 바람이 약할 때 전력망으로 방전하도록 프로그래밍하는 것은 쉬운 일이다. 밤에는 집 콘센트에, 낮에는 직장 내 충전기에 접속한 자동차는 그 자체로 전력망에 연결된 '바퀴 달린 배터리'다. 자동차의 하루 평균 주행 시간은 48분 정도이므로, 하루 23시간 이상 서 있는 전기차는 그 시간 동안 전력망에 연결된 저장 장치 역할을 한다.[6] 전기차 운전자가 기꺼이 이렇게 하도록 보상이 주어질 것이다.

닛산 자동차와 유럽 최대 유틸리티 중 하나인 에넬 사는 덴마크에서 전기차 배터리를 사용해 전력망의 수급 불균형을 해소하는 실증 사업을 진행하고 있다. 이 사업은 전기차 소유자에게 연간 최대 1,530달러를 보상하는데, 노력과 비용을 들이지 않고 벌 수 있는 꽤 짭짤한 수익이다.[7] 비슷한 프로젝트가 영국에서 진행 중인데, 1만 8천 대의 닛산 전기차를 전력망에 연결하여 180MW 발전소에 상당하는 전력을 내도록 하는 사업이다. 이는 전력망 수급 균형을 맞추기 위해 기존에 사용하던 소규모 가스식 피크 발전기와 같은 용량이다.[8] 그리고 네덜란드의 한 유틸리티는 테슬라, BMW와 협력하여 소프트웨어를 개발 중인데, 전력망에 풍력이나 태양광 발전 전력이 남을 때 이를 전기차 배터리에 충전하도록 제어하는 것이다. 이 경우, 훨씬 더 낮은 전기요금이 적용된다.[9]

전기차의 배터리 용량은 한 가정 전체에 전력을 공급하고도 남는다. 미국 가정은 매일 30kWh의 전기를 소비하는데, 이는 가장 작은 테슬라 배터리팩에 저장되는 60kWh의 절반이다.[10] 이를 고려해 테슬라는 차량 소유자가 배터리 전력을 다시 그리드로 판매할 수 있도록 소프트웨어를 개선했다. V2G의 가능성은 테슬라가 2016년 미국의 가장 큰 주택용 태양광 회사인 솔라 시티를 인수한 이유 중 하나였다. 테슬라의 비전은 소비자가 집에 태양광을 설치하고, 전기차를 사고, 그 둘을 융합해 활용하는 것이다.

성능 저하

V2G 기술은 여전히 개발 중이다. 잦은 충방전으로 인한 리튬이온 배터리의 성능 저하, 용량 및 수명이 감소하는 문제를 해결하기 위해 고심 중이다. 일부 연구에서는 전기차를 전력망 저장 장치로 사용하면 배터리 수명이 최대 75%까지 크게 줄어드는 것으로 나타났다.[11] 그리고 또 다른 연구들은 지능형 소프트웨어로 성능 저하를 줄일 수 있음을 보여주었다. 영국에서 수행한 50건의 배터리 성능 저하 실험에서 스마트그리드 알고리즘은 배터리 수명을 최대 9%까지 향상시킬 수 있었다.[12] V2G로 인한 배터리 성능 저하에 대한 최종 결론은 아직 나지 않았지만, '스마트 충전'에 대한 모든 연구는 풍력이나 태양광 발전의 잉여 전력을 충전하는 단순한 방식으로 전기차를 사용하면 전력망의 수급 불균형 해소 비용을 쉽게 절감할 수 있음을 보여준다. 미국 에너지부의 연구에 따르면 스마트 충전은 전기차 비용을 25% 절감하는 동시에 전력망의 수급 균형 유지에 도움이 된다.[13]

에너지 저장 최적화 기술

전력 저장 비용을 더욱 절감할 수 있도록 V2G 충전을 크게 개선하는 기술 몇 가지가 개발 중이다. 가격, 위치 및 적시성을 고려하는 블록체인 기반의 정교한 소프트웨어를 통해 전기차 소유자는 전기차와 태양광 패널을 최적으로 활용해 수익을 창출할 수 있다. 또한 분산 재생에너지는 상당한 네트워크 효과가 있다. 고압 직류 송전망으로 먼 거리를 연결해 지리적 범위를 확장하면 분산된 풍력 및 태양광 발전의 간헐성은 서로 완충, 상쇄될 수 있다.[14]

현재의 전기차 모델을 뛰어넘어 자율주행 전기차가 개발되고 필요할 때 충전소까지 주행할 수 있게 되면 추가적인 유연성을 제공할 것이다. 자율주행 차량은 재생에너지가 만드는 잉여 전기로 충전할 뿐만 아니라, 전기가 가장 저렴한 지점까지 스스로 찾아가도록 프로그래밍할 수 있다. 반대로, 자율주행 차량은 전력이 가장 필요한 위치 또는 노드에 스스로 주차해 백업 스토리지 기능을 제공함으로써 차량 소유자의 저장 이익을 극대화할 수 있다. 이러한 기회를 염두에 두고 제너럴 모터스는 전기차인 셰보레 볼트를 기반으로 최초의 자율주행 차량을 개발하고 있다.[15]

더 저렴한 저장 장치

테슬라의 기가팩토리는 전 세계 리튬이온 배터리 생산량을 두 배이상 늘리고, 생산 비용도 30% 이상 낮췄다. 테슬라가 처음이었으나 이제 경쟁자들도 따라잡기 시작했다. 메르세데스-벤츠를 생산하는 기업인 다임러도 리튬이온 배터리팩 비용 43% 절감을 위해 독일에 배터리 기가팩토리를 건설하고 있다.[16] 이것은 시작에 불과하다. 2017년에만 10개 이상의 기가팩토리 계획이 발표되었다. 2021년이면 글로벌 배터리 생산은 2017년의 두 배가 될 것이다.[17]

정부 규제도 배터리 저장 장치의 성장에 일조하고 있다. 2016년 캘리포니아는 2030년까지 주 전력의 50%를 재생에너지로 공급하기 위한 조치로, 투자자 소유 유틸리티들이 500MW의 배터리 저장장치를 주 정책의 시점에 맞추어 갖추도록 하는 법을 제정했다. 충분한 에너지 저장 용량을 갖추면 캘리포니아는 풍력과 태양광이 약할 때도 안정적인 공급이 가능하고, 덕 커브를 없앨 수 있다.[18]

자동차 회사가 배터리 사용량을 늘리는 것과 동시에 유틸리티가 전력 저장 솔루션을 더 많이 설치함에 따라, 배터리 생산 능력은 빠르게 올라가고 있다. 제조 시설에 대한 학습곡선 효과는 강력한 경쟁 압력과 결합되어 글로벌 배터리 가격을 떨어뜨릴 것이다. 그리고 더욱 저렴해진 저장 장치는 수요를 더 끌어올리고 풍력, 태양광과 전기차 부문 간의 융합을 가속화할 것이다.

전력 수요 증가

전기차와 재생에너지는 확실한 공생 관계다. 전기차는 저장 장치 기능으로 풍력과 태양광 발전의 간헐성 문제를 해소한다. 그러나 이는 공생의 절반에 불과하다. 물론 전기차가 늘어나면 전력 수요가 증가한다. 영국 내셔널 그리드의 연구에 따르면 2030년까지 전기차 증가로 발전량이 최대 13% 더 늘어날 것이다.[19] 그리고 그 늘어난 만큼의 전기는 태양광과 풍력이 저렴하게 공급할 것이다. 태양광과 풍력이 많아지면 전기요금도 낮아진다. 학습곡선이 재생에너지 발전 비용을 낮추기 때문이다. 그런데 전기요금이 낮아지면 전기차 수요는 증가한다. 즉, 공생의 나머지 반은 늘어난 풍력과 태양광이 전기차를 성장시킨다는 것이다.

융합의 장애물

전기차와 재생에너지의 융합은 간단하지 않아서, 몇 가지 장애물이 있고 그로 인해 어느 부문이든 성장이 지연될 수 있다. 글로벌 에너지 시스템은 대규모 발전과 중앙 집중식 유틸리티, 거대한 송배전망으로 이루어진다. 운송 및 교통을 위한 에너지 시스템은 화석연료를 추출 정제하여 광범위한 소매 주유소 네트워크를 통해 차량에 동력 연료로 공급한다. 이런 인프라를 모두 교체하자면 다음과 같은 요소에서 심각한 어려움이 발생할 것이다.

• **원료:** 태양전지에 사용되는 실리콘은 지구에서 가장 풍부한 원소라서 부족할 가능성이 거의 없다. 리튬이온 배터리에 필요한 리튬도 풍부하게 구할 수 있다. 그래도 폭증하는 수요를 맞추기 위해서는 채광 증설이 필요하다. 현재 수요를 기준으로 지구에는 365년 동안 충분히 쓸 수 있는 리튬이 있다.[20] 그래도 폭증하는 수요로 인해 부족한 상황이 발생할 수 있다. 배터리 생산을 위한 기가팩토리를

100개 추가 건설하면 현재의 리튬 매장량으로는 17년도 감당하지 못한다.[21] 희토류는 일부 첨단 풍력터빈 발전기 및 전기모터용 자석에 사용되며, 이름 그대로 희귀해서 풍력과 전기차의 성장을 제한하게 될 것이라는 우려가 많다. 그러나 최근의 지질학적 분석은 "그 이름에도 불구하고 희토류는 희귀하지 않다"고 지적한다. 고갈에 대한 두려움은 반복되는 신화일 뿐이다. 희토류는 생산 공장이 부족하지 원료가 부족한 것이 아니다.[22]

• **입지:** 앞에서 풍력 및 태양광 농장의 경제학이 얼마나 매력적인지 설명했다. 그러나 경제성이 좋은 프로젝트도 때때로 님비 현상이라고 불리는 소수의 반대로 지체될 수 있다. 풍력터빈에 필요한 토지 면적은 아주 작다. 하지만 풍력터빈은 엄청나게 크기 때문에 주변 주민들은 조망이 나빠진다고 항의한다. 태양광 패널은 거대한 풍력터빈보다 눈에 덜 띄지만, 태양광 농장을 세운 토지는 농사나 다른 목적으로 사용할 수 없다. 1GW 석탄 화력발전을 태양광으로 전환하려면 입지로 대략 850만 평이 필요하다.(역주: 저자의 입지 면적 계산은 매우 보수적이며, 오래된 데이터를 사용한 것으로 보인다. 2020년 태양광 패널은 KW당 3평의 입지면 충분하다. 1GW라면 3백만 평이 필요하다. 이는 저자의 계산의 35% 정도다.) 석탄, 천연가스 및 석유와 달리 재생에너지는 연료 채굴, 정제 및 운송을 위한 토지 훼손이 없다. 그래도 태양광발전을 위해 넓은 면적의 입지 허가를 얻는 것은 어려운 일이다.

• **송전:** 태양광 및 풍력 발전 전기를 가정과 기업으로 전송하려면

송전선을 추가 건설해야 한다. 텍사스는 미국 다른 어떤 주보다 풍력발전을 많이 하는데, 바람이 많이 부는 서부에서 남부와 동부의 도시로 신규 송전선로를 건설한 것도 그 이유 중 하나다. 2014년에 80억 달러 규모의 송전선 확장이 완료되었으며, 풍력발전이 더 늘어나는 상황에 맞추어 선로를 증설할 계획도 있다.[23] 안타까운 일은 모든 주나 국가가 새로운 송전선로 건설을 텍사스만큼 지원하지는 않는다는 것이다. 독일에서는 정부의 강력한 지원에도 불구하고 송전 시스템 확장이 지연되면서 풍력 부문의 성장이 둔화되고 있다.[24] 중국조차도 송전 병목 현상을 겪고 있다. 풍력 및 태양광 발전이 급속히 성장하면서 중국은 내륙에서 인구 밀도가 높은 해안가 도시로 전력을 전송하는 16개의 초고압 DC 송전선을 새로 건설하는 계획을 추진하고 있다.[25]

- **충전소:** 충전 인프라 부족은 전기차의 성장을 제한할 수 있다. 일반 전기 아웃렛으로도 전기를 충전할 수 있지만, 속도가 느려 시간이 오래 걸린다. 거리에 주차하거나 직장에서 충전하기를 원하는 운전자는 별도의 충전소를 이용해야 하며, 가능하면 고압 충전기로 고속 충전하는 것이 바람직하다. 미국에는 121,000개가 넘는 가솔린 소매점이 있다.[26] 하지만 공공 충전소는 16,000개에 불과하며 그 중 고압 충전기는 겨우 2,000개다.[27] 주유소의 편리함에 필적하는 고속 충전소 네트워크 구축은 전기차와 재생에너지의 융합에 필수적이다.

- **자금 조달:** 재생에너지 프로젝트에는 막대한 자본이 필요하다.

전문가들은 2040년까지 늘어나는 풍력 및 태양광 프로젝트에 7조 달러 이상의 자본 투자가 필요하다고 예측한다.[28] 재생에너지와 전기차의 융합을 위해서는 여기에다 전기차 조립 라인, 배터리 기가팩토리, 송전선로 및 충전소를 구축하는 데 필요한 자금이 더 있어야 한다. 전 세계적으로 클린 에너지에 대한 투자가 연평균 2,500억 달러 이상이지만, 이는 향후 몇 년 동안 필요한 금액의 절반에 불과하다.[29]

● **규제:** 유틸리티 산업은 고도로 규제받는 산업이며, 한 곳에서 발전한 전기가 네트워크로 연결된 가정과 기업으로 전송되는 백 년 이상 된 설계에 기반을 두고 있다. 그런데 오늘날의 전기는 재생에너지로 인해 점점 더 분산형으로 생산되고 있으며, 중앙 집중식뿐만 아니라 건물 옥상, 농장이나 밭, 수백 만 가정에서 발전된다. 기술은 분산형 에너지 분배 및 저장을 위해 빠르게 개선되고 저렴해지고 있지만, 규제는 그렇지 않다. 예를 들어 미국의 7개 주에서는 주택이나 회사에서 사용량보다 초과 생산한 전기를 전력망에 역송해 판매하는 넷미터링을 금지하고 있다. 그 밖에도 재생에너지 및 전기차에 대한 더 많은 규제 장벽이 존재한다.

재생에너지와 전기차의 융합 앞에 놓인 과제는 심각하며 에너지 전환을 늦출 가능성도 있다. 그러나 극복하지 못할 장애물은 없다. 풍력과 태양광으로의 전환이 미루어지는 것은 단순히 관성 때문일 수 있다. 많은 사람들이 새로운 것을 시도하기를 꺼린다. 관료에서 사업가에 이르기까지, 특히나 새로운 기술과 관련될 경우 종종 변화에 대한 두려움을 품는다. 호주가 좋은 예다.

지구 반대쪽의 융합: 호주

남호주의 풍력 및 태양광은 매우 빠르게 증가했다. 설치비용이 저렴해서다. 이 지역에서는 재생에너지가 주 전력 수요의 57%를 발전한다.[30] 안타깝게도 2017년 초에 남호주는 수차례의 전기 부족 사태를 겪었는데, 정부는 재생에너지, 특히 풍력발전단지에 책임을 돌리며 비난했다. 그러면서 꺼내든 해결책이 과거로 돌아가는 것이었다. 천연가스 피크 플랜트를 짓거나 석탄발전을 더 돌리고 풍력 및 태양광 증설을 제한하는 것 등이다.

이때 테슬라의 CEO 일론 머스크가 대담한 제안을 들고 싸움에 끼어든다. 그는 테슬라의 기가팩토리에서 생산하는 전기차용 배터리로 단기간에 리스크 없이 문제를 해결하겠다고 제안했다. 머스크는 트위터에 "계약서에 서명하면 백 일 내에 테슬라가 시스템을 설치하고 작동시킬 것이며, 그러지 못한다면 공짜다"라고 발표했다.[31]

남호주 정부는 제안을 수락했고, 테슬라는 약속한 기간보다 훨씬 빨리 에너지 저장 시스템을 설치했다. 이것은 재생에너지와 전기차 배터리를 융합하면 기존 방식보다 더 나은 전력 저장 솔루션이 된다는 것을 입증한, 특이하지만 인상적인 실증이었다.

전기차와 재생에너지 부문 간의 융합은 다양한 형태를 취할 수 있다. 남호주에서는 전력 저장에 전기차를 직접 사용하는 대신 전기차 제조 회사에서 만든 저렴한 배터리로 재생에너지 사용을 늘리는 에너지 저장 솔루션을 제공했다. 백 일 안에 재생에너지의 간헐성 문제를 해결한 것은 놀랍도록 빠른 것이다. 전통적인 방식으로는 수십 년은 아닐지라도 몇 년은 족히 걸렸을 것이다. 이는 재생에너지와 전기차 기술의 융합으로 기존 에너지 시스템을 빠르고 근본적으로 뒤엎을 수 있다는 가능성을 보여주었다.

융합에서 결과로

전기차와 재생에너지의 융합은 두 부문 모두를 더욱 경쟁력 있게 만든다. 재생에너지 발전은 전기차 증가에 따른 전력 공급 문제를 해결한다. 그리고 전기차는 풍력과 태양광 발전의 간헐성 문제를 없애준다. 바람과 햇빛이 좋은 날에는 전력망에서 전기를 끌어내 저장하고, 바람이 없거나 흐린 날에는 전력망에 저장한 전기를 팔아 부족함을 보충한다. 간헐성이 해결되면 석탄, 가스, 석유에서 풍력과 태양광으로의 전환을 막는 유일한 장벽이 제거된다. 화석연료에서 재생에너지로의 이러한 에너지전환은 이미 시작되었고 추진 동력을 키우고 있다. 이 에너지전환은 지정학, 경제, 보건 그리고 환경 면에서 전 세계적 규모로 엄청나게 큰 충격을 불러올 것이다.

11
결과

청산녹수는 금산 은산처럼 귀하다.
— 시진핑 중국 국가주석, 2017

에너지전환은 대부분 둔하고 고통스러울 정도로 느리다. 그러나 결과는 그렇지 않다. 화석연료에서 재생에너지로의 전환은 글로벌 에너지 및 유틸리티 산업에 관련된 모든 것을 극적으로 바꿔놓을 것 이며, 투자자와 근로자, 기업, 정부 모두에게 엄청난 영향을 미칠 것 이다. 산업 전반에 걸쳐 투자 가치가 달라지고, 고용 상황도 마찬가 지로 달라진다. 석유와 화석연료의 가치가 하락하면 지정학도 이에 따라 조정된다. 보건 상태가 좋아져 수명이 늘고 의료비 지출은 줄 어든다. 가장 중요한 것은 재생에너지 전환이 치명적인 기후변화를 피할 수 있는 최선의 외길이라는 사실이다.

지정학적 결과

재생에너지 기술은 주로 미국과 유럽에서 발명되었으며, 정부 지원하에 대체 에너지에 대한 초기 실험이 이루어졌다. 전기차 기술도 비슷하게 진행되었다. 정부 보조금, 기술 혁신 및 기업가 정신이 길을 이끌었다. 미국 전기차 회사인 테슬라가 그런 과정의 전형이다. 그러나 재생에너지와 전기차가 가장 빠르게 성장할 곳은 아마 중국과 인도일 것이다. 이 두 나라의 에너지 및 운송 분야는 세계에서 가장 빠르게 성장하는 경제 부문이다.

21세기의 중국과 인도는 대기 오염과 석유 매장량 부족이라는 두 가지 핵심 문제에 직면해 있다. 재생에너지와 운송의 전기화는 두 가지 문제를 깔끔하게 해결하는 솔루션이다. 지역적인 대기 오염은 석탄발전에 따르는 부산물이다. 중국과 인도에서는 석탄발전으로 전기의 70% 이상을 생산하기 때문에, 주요 도시에는 숨 막히는 대기 오염이 생긴다.[1] 두 나라의 주요 도시에서 측정된 유해 입자 수준은 세계보건기구(WHO) 기준치의 30배에 달하며, 이는 공중보건 응급 상황에 해당한다.[2]

중국과 인도가 유럽과 미국을 제치고 화석연료에서 무공해 재생에너지로의 전환에 앞장서게 된 것은 당연한 결과다. 중국은 미국이나 유럽보다 많은 풍력발전단지와 태양광을 설치했고, 계속해서 우위를 점하고 있다. 2017년에 중국에서 신규 증설한 발전 설비의 거의 70%가 태양광을 앞세운 재생에너지였다.[3] 인도는 재생에너지에서 출발은 늦었지만 이제 거의 따라잡고 있으며, 10년 내에 총 발전

설비 용량의 57%를 재생에너지로 한다는 계획을 추진 중이다. 세계에서 가장 큰 태양광발전단지 5개 모두 중국과 인도에 있다.[4]

석유 매장량이 부족하기 때문에 중국과 인도 모두 가솔린차에서 전기차로 전환하고 있다. 중국의 원유 생산량은 지난 20년 동안 거의 증가하지 않았으나, 소비량은 강한 경제 성장을 따라 늘었다. 1994년에는 석유의 생산과 소비가 거의 균형을 이루었으나, 2016년에 이르러서는 소비량의 3분의 2를 수입했다.[5] 인도도 비슷해서 1980년대 이후 석유 생산은 정체하고 소비는 급증해 필요한 석유의 80% 이상을 수입하고 있다.[6] 석유 수입에 따르는 막대한 경제적 비용과 지정학적 리스크로 인해 중국과 인도 모두 전기차 전환을 서두르도록 압박받고 있다. 중국 최대 전기차 기업인 BYD의 창립자이자 회장인 왕촨푸는 중국이 교통의 완전한 전기화를 추진하는 이유를 직설적으로 말했다. "가장 큰 이유는 중국의 에너지 안전과 안보다. 중국의 석유는 곧 바닥날 것이다."[7]

중국은 현재 세계에서 가장 큰 전기차 시장으로, 60만 대의 전기차를 운행 중이며 2020년까지 500만 대로 늘릴 계획이다.[8] 중국 정부는 재정적, 비재정적 지원 정책을 통해 소비자의 전기차 구매를 유인하고 있다. 관대한 면세, 대도시 통행 번호판 규제 제외 등으로 강력한 수요를 창출했다.[9] 2018년에는 중국의 회사들이 전 세계 전기차 판매의 거의 절반을 차지했다.[10] 중국 정부는 미국보다 약 20배 많은 80만 대의 충전기를 설치할 계획이다.[11, 12]

2017년 인도 정부는 2030년까지 인도에서 팔리는 차를 모두 전

기차로 하겠다는 목표를 발표했다.[13] 그리고 중국 정부는 가솔린 및 디젤 차량 금지 조치를 고려 중이라고 발표했다.[14] 내연기관 시대를 끝낼 계획은 중국과 인도만의 것이 아니다. 프랑스와 영국도 2040년부터 화석연료 차량을 금지한다고 발표했으며, 독일도 비슷한 규제를 고려하고 있다.[15] 그러나 자동차 제조 및 판매의 세계 최대 시장은 중국이다. 이것은 곧 중

11.1 시진핑 중국공산당 총서기 겸 중화인민공화국 주석(출처: 위키미디어 공용 라이선스)

국 시장의 변화가 세계를 바꿀 가능성이 높다는 뜻이다.[16] 전문가들은 세계 최대의 자동차 회사들이 전기차 모델 출시 경쟁에 뛰어드는 주된 이유가 바로 중국의 전기차 지원 정책이라고 분석한다. 중국 정부가 2030년 이후 화석연료 차량 판매 금지를 고려하고 있다고 선언한 직후에 제너럴 모터스가 "GM의 미래는 완전한 전기화다"라고 발표한 것은 우연이 아니다.[17]

중국과 인도가 화석연료에서 재생에너지로 전환하는 논리는 명확하다. 부족한 석유 매장량과 극단적인 대기 오염이라는 문제를 안고 경제가 고속 성장 중인 두 나라는 풍력과 태양광, 전기차 시장의 세계적 성장을 선도함으로써 두 가지 문제를 모두 해결할 기회를 얻을

수 있다. 이러한 전환의 지정학적 의미는 심대하다. 산유국은 석유 수요가 감소함에 따라 수입이 감소한다. 그리고 중국과 인도 같은 석유 수입국들이 모든 에너지를 국산 에너지로 충당하는 에너지 독립을 이룬다면, 그에 따르는 지정학적 이익을 누릴 수 있다.

경제적 결과

모든 에너지전환과 마찬가지로, 21세기에 재생에너지로 화석연료를 대체하면 경제적 결과가 발생한다. 석탄 수요와 가격이 하락한 미국 석탄 산업, 주식 가치가 하락한 유럽 유틸리티 산업에서 이미 영향이 나타나고 있다. 미국 석탄의 거의 절반을 파산 보호 신청 중인 회사들이 채굴한다.[18] 그리고 유럽이 석탄, 가스 및 원자력에서 재생에너지로 전환하면서 유럽 내 유틸리티는 2010년 이후 1천 억 달러의 자산을 삭감했다.[19]

화석연료 발전이나 원자력발전 자산을 가진 전력회사는 어려운 상황에 처했다. 책 앞부분에서 논의했듯이 재생에너지인 풍력 및 태양광은 이제 LCOE 경제성으로 화석연료 발전과 경쟁한다. 또한 풍력 및 태양광 발전은 일단 건설되면 연료비가 안 들어 한계 비용이 0이다. 바람과 햇빛은 항상 공짜이니 언제나 재생에너지가 기존 발전보다 싸다. 아이러니하게도 이게 유틸리티들에게는 불길하다.

풍력과 태양광은 사실상 운영 비용 부담 없이 발전할 수 있기 때문에 유틸리티는 석탄이나 가스 발전을 가동하기보다 재생에너지 전력을 구매한다. 화력발전에는 비싼 연료가 필요하기 때문이다. 태양광과 풍력 발전이 많아지면 다른 발전은 덜 팔리게 되어 LCOE가 더 비싸진다. 설상가상으로 전력회사는 석탄, 천연가스 그리고 원자력발전의 더 높아진 원가를 반영하여 전기요금을 올려야 한다. 전기요금이 오르면 태양광발전의 경제성이 좋아져 소비자는 집과 회사에 태양광을 더 설치한다. 결국 전력회사의 전기 수요는 줄어든다.

이것을 유틸리티 '죽음의 나선'이라고 한다. 유틸리티가 가격을 인상할수록 더 많은 고객이 스스로 전기를 생산한다. 결과적으로 유틸리티는 남은 고객을 대상으로 요금을 다시 인상해야 하고, 이렇게 되면 더 많은 집과 회사가 자체 분산 발전을 설치한다. 옥스퍼드 에너지연구원의 표현처럼 "유틸리티 비즈니스 모델이 부러졌다."[20] 독일 최대의 유틸리티인 RWE와 E.ON은 생존을 위한 분할을 단행했다. 두 회사 모두 재생에너지 회사와 기존 화석연료 발전 및 원자력 자산으로 사업을 하는 회사로 분할했다.[21]

석유 산업은 아직 전기차의 영향을 느끼지 못하고 있다. 전기차가 도로 위 차량의 1% 미만을 차지하기 때문이다. 그러나 전기차로의 전환과 가솔린 및 디젤 연료에 대한 수요 감소는 이미 심각한 걱정거리다. 세계 최대 산유국 사우디아라비아는 국영 석유 회사인 사우디 아람코의 주식 상장 및 부분 매각을 계획하고 있으며, 일부 전문가들은 이를 석유 수요가 정점에 달하고 있다는 신호로 해석했다. 「파이낸셜 타임스」는 석유를 "최고의 시기가 지난 산업"이라고 칭했다.[22] 엑슨모빌, 로열더치셸, 토탈, 셰브론, 스타토일의 주식을 보유하고 있는 세계 최대 펀드인 노르웨이 정부 연기금의 고문들은, 펀드의 주 수익이 석유 생산에서 나온다는 점을 감안하여 화석연료 회사의 모든 주식을 부분 헤지로 매각할 것을 권고했다. 노르웨이에서는 판매되는 신차의 40%가 가솔린차가 아닌 전기차다.[23]

일자리 효과

재생에너지로의 전환으로 많은 경제적 효과, 특히 일자리 창출 효과가 기대된다. 풍력 및 태양광 설치는 일자리를 많이 만든다. 미국에서는 태양광 산업에서 석탄 산업의 두 배 이상의 근로자가 일하고 있다. 특히 재생에너지 산업의 고용은 매년 6%씩 증가하여 화석연료 산업을 훨씬 능가한다.[24] 태양광과 풍력은 다른 산업 대비 12배 더 빠르게 일자리를 창출했다.[25] 중국에서 재생에너지 부문의 고용은 전체 고용 증가율 중 일부를 차지하긴 하지만, 그 성장률은 인상적인 수치다.

중국의 재생에너지는 현재 350만 개의 일자리를 제공하며, 이는 다른 어떤 나라보다 많은 숫자다. 더구나 중국은 석탄 생산을 줄이고 있는데, 정부는 2020년까지 재생에너지 부문에서 1,300만 개의 일자리를 더 만든다는 목표를 세웠다.[26] 국제재생에너지기구(IRENA)는 2050년까지 전 세계적으로 재생에너지 일자리가 2,600만 개 늘어날 것으로 예상한다.[27]

경제 및 고용 관점에서 재생에너지 일자리는 재생에너지 설비가 세워지는 바로 그 지역에 생기는 일자리라서 매력적이다. 지역 경제에 도움이 되기 때문이다. 재생에너지 프로젝트에 들어가는 대부분의 투자는 프로젝트 개발 및 건설, 그리고 운영 비용(예를 들어 입지임대료)이며, 이 비용은 건설 지역에 주어진다. 태양광 패널과 풍력 터빈을 수입하기도 하지만 노동력, 토지 및 전력망 접속 등에 대한 지출 대부분은 설비가 세워지는 곳에 주어진다. 미시건 주지사 제니 퍼 그랜홈은 재생에너지의 경제적 매력을 간결하게 요약했다. "다른 주에서 석탄이나 천연가스를 수입하는 데 매년 20억 달러를 쓰는 대신 우리는 우리의 에너지 비용을 미시건 풍력터빈, 미시건 태양광 패널, 미시건 에너지 고효율 설비에 쓸 것이다. 이것은 모두 미시건 주의 근로자들이 설계하고 만들고 설치하는 것들이다."[28]

보건 효과

화석연료 연소로 인한 부정적인 외부 효과는 대기 및 물 순환계와 인체에 대가를 치르게 한다. 석탄은 채굴에서 처리, 수송, 최종 연소에 이르기까지 모든 과정에서 해로운 오염을 발생시킨다. 미국에서는 1900년 이래 10만 명에 달하는 광부들이 사고로 목숨을 잃었고, 20만 명 이상이 흑폐증(역주: 오랫동안 탄가루를 마실 때 생기는 진폐증의 일종)으로 사망했다.[29] 하버드 의과대학의 보건 및 지구환경 센터는 2008년에 애팔래치아 지역 사회에서 석탄으로 인해 부담한 공중보건 비용이 746억 달러에 이른다고 추정했다.[30] 또한 미국 전체로는 "석탄의 전 수명 주기 동안 미치는 피해 비용이 연간 0.33~0.5조 달러에 달한다"고 추정했다.[31]

석탄발전에서 연소된 석탄은 건강에 엄청나게 나쁜 유해 입자(미세먼지)를 배출한다. 연소 시 나오는 그을음에는 아주 미세한 입자가 포함되어 대기 중으로 퍼진다. 문제는 이 입자가 극히 작아서 걸러지지 않고 폐 깊숙이 스며들어 박힌다는 사실이다. 유해 입자가 인체 건강에 미치는 영향은 잘 알려져 있다. 세계보건기구 보고서에 따르면 유해 입자에 노출되면 "세포 유전학적 이상, 체세포 및 생식 세포의 돌연변이, 유전자 발현 변화를 포함한 유전적 손상이 증가할 수 있으며, 특히 암을 유발한다."[32] 석탄 화력발전소는 가장 큰 대기 오염원으로, 모든 대기 오염의 40%를 차지한다.[33] 그러나 너무 비관할 필요는 없다. 미국 도시를 대상으로 한 연구에 따르면 2000년에서 2007년 사이 대기 중 유해 입자 감소로 인해 평균 수명이 약 2개월 늘어났다.[34]

대기 오염은 전 세계적으로 조기 사망을 초래하는 주요 원인 중 네 번째다. 2013년에만 550만 명 이상이 대기 오염으로 일찍 죽었다.[35] 세계은행과 보건지표평가연구소의 보고서에 따르면 같은 해 대기 오염으로 세계 경제가 입은 손해는 2,250억 달러에 달했다.[36] 그러나 석탄 연소를 줄이면 인간의 건강을 향상시킬 수 있다는 증거가 있다. 1990년 더블린에서 석탄을 금지했는데, 이후 공기 질이 좋아지고 호흡기 질환에 의한 사망률이 17% 낮아졌다.[37] 화석연료에서 재생에너지로 전환하면 대기 오염, 특히 유해 입자를 크게 줄이고, 수백만 명을 현저히 더 길고 건강한 삶으로 이끌 수 있다.

기후 효과

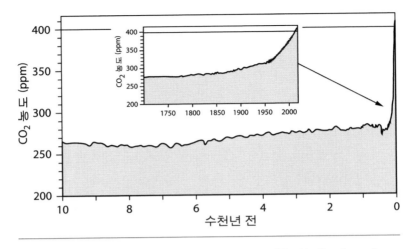

11.2 킬링 곡선(Scripps Institution of Oceanography, "The Keeling Curve," https:///scripps.ucsd.edu/programs/keelingcurve/)

1958년, 미국의 과학자 찰스 킬링은 하와이 마우나로아 산 정상 근처에 자신이 개발한 센서를 설치하고 대기 중의 이산화탄소 양을 측정했다. 킬링이 수집한 데이터는 발전을 위해 화석연료를 태우면 대기 중 이산화탄소가 지속적으로 증가함을 증명했다. 이산화탄소 는 온실가스로, 열복사 또는 열을 지구로 다시 반사해 지구를 따뜻 하게 유지한다. 이 온실 효과는 지구를 생명체에 적합한 온도로 유 지하는 데 필수적인 자연 과정이다. 킬링이 발견한 것은 온실 효과 가 점점 더 강해지고 있다는 사실이다.

대기 중 이산화탄소의 농도는 약 1만 년 전 인간이 석기 시대에서 벗어나 산업혁명을 시작할 때까지 매우 안정적이었다. 하지만 2장에서 설명한 와트의 증기기관과 그에 따른 기계 및 운송의 발전으로 상황이 바뀌었다. 증기기관은 철도 동력이 되고, 기계 장치를 작동시켜 상품을 생산하고, 발전으로 가정과 기업을 밝히는 전기를 공급했다. 내연기관의 개발로 자동차의 성장이 가능했으며, 제트엔진과 항공 운송 시대가 뒤를 이었다. 이 모든 것은 화석연료(석탄, 석유, 천연가스)를 태워 엄청난 양의 이산화탄소를 대기로 방출함으로써 이루어졌다. 킬링 곡선은 산업혁명이 시작된 이후 대기 중 이산화탄소 농도의 증가를 생생하게 보여준다.

대기 중 이산화탄소의 증가는 온실 효과로 지구를 따뜻하게 했고, 배출량이 증가함에 따라 지구를 계속 덥힐 것이다. 매년 수십 억 톤의 이산화탄소가 대기 중으로 배출되어 한 세기 이상 지속된다. 2018년 현재 대기 중 이산화탄소 농도는 400ppm을 훌쩍 넘었고, 매년 약 2ppm씩 증가하고 있다.[38] 과학자들은 "명백히 심각하고 광범위하며 돌이킬 수 없는 전 지구적인 위험"을 피하기 위해서는 이산화탄소 농도를 450ppm 이하로 안정화해야 한다고 결론지었다.[39] 온실가스 배출이 현재와 같이 계속된다면 지구 온도는 세기말이 되면 섭씨 4도 더 따뜻해질 가능성이 매우 높다.[40] 그러면 치명적인 폭염과 해수면 상승, 극심한 기상 변동 현상이 나타날 것이다. 분명코 이산화탄소 배출량을 결사적으로 줄여야 한다. 화석연료에서 재생에너지인 풍력과 태양광으로의 에너지전환('에너지 탈탄소화')은 이러한 목표를 달성하기 위한 길을 제공한다.

온실가스 배출량의 약 3분의 2는 에너지 생산 및 사용에서 발생한다.[41] 치명적인 기후변화를 피하기 위해서는 무조건 전 세계 에너지 생산의 84%를 차지하는 화석연료 연소와 온실가스 배출을 획기적으로 줄여야 한다.[42] 국제재생에너지기구의 전문가들은 전기차로 전력망 관리에 필요한 전력 저장 장치의 절반만 해결해도 재생에너지를 전 세계 에너지 생산의 16% 수준에서 2050년까지 최대 65%로 확대할 수 있다고 예측한다.[43] 이 분석에 따르면 가장 중요한 것은 재생에너지로의 에너지전환이 지구 온도 상승을 섭씨 2도 이내로 관리한다는 목표에 크게 기여할 것이라는 점이다.[44]

에너지 탈탄소화는 화석연료에서 재생에너지로의 전환이 낳는 가장 중요한 결과다. 이는 경제적이고 검증된 기술로 기후변화를 해결하는 길을 열어준다. 더구나 확장성이 있어서 전 세계적으로 구현 가능하다. 그러나 만인이 혜택을 받을 수 있다는 의미는 아니다. 지구는 분명히 나아질 것이지만 에너지전환으로 모두가 이익을 얻는 것은 아니다.

승자와 패자

에너지전환은 호황과 불황을 겪으며 승자와 패자를 만든다. 신기하게도 18세기 포경 산업은 현재의 에너지전환과 평행한 흥망성쇠를 보였다.

포경 산업의 역사가 주는 교훈

기름을 얻기 위한 고래 사냥은 미국과 유럽에서 호황과 불황을 일으키며 에너지전환을 불러왔다. 고래기름은 1700년대에 처음 조명용으로 쓰였고, 1800년대 중반에는 조명의 대명사가 되었다. 고래기름은 태우면 무척 밝은 우수한 조명용 기름이었으므로, 밝지도 않으면서 탈 때 냄새나 피우는 돼지기름과 여타 다른 허접한 재료들을 대체했다. 포경 산업에는 대박이 찾아왔고, 미국 북동부 해안 마을들에 붐을 일으켰다. 미국 포경선단은 세계 최대 규모였으며, 포경은 수만 명의 선원을 고용하여 미국에서 다섯 번째로 큰 산업이 되었다.[45] 미국 포경 산업의 중심지인 매사추세츠 주 뉴베드퍼드는 1854년 미국에서 가장 소득이 높은 부유한 도시였다.[46]

그러다 1859년 펜실베이니아 주 타이터스빌에서 석유가 발견되었다. 소비자들은 석유가 조명용 및 산업용으로 고래기름보다 좋다는 것을 알게 되었고, 미국 포경 산업은 쇠퇴의 길로 접어들었다. 언제나 그렇듯이 더 좋고 저렴한 제품이 지닌 경제적 이점은 결국 기존 산업을 부숴버린다. 이번은 시간이 걸렸다. 1859년 미국의 석유생산량은 고작 2천 배럴로 고래기름의 50만 배럴에 비해 미미했다. 40년이 지나서야 스핀들탑에서 최초의 석유 시추 방식으로 원유가분출하면서 미국은 17분마다 2천 배럴씩 석유를 생산하기 시작했고, 이후 고래기름의 수요는 영영 회복되지 않았다.[47] 포경 노동자들과 투자 자본은 석유 산업으로 옮겨 갔고, 포경 산업 인프라는 스러져갔다. 그럼에도 포경선은 무려 68년을 더 버텼으나, 1927년 뉴베드퍼드에서의 마지막 포경을 끝으로 사라졌다.[48]

21세기의 화석연료 산업은 200년 전의 포경 산업과 매우 흡사해 보인다. 뉴욕 타임스는 포경에 관한 책을 다룬 리뷰에서 포경 산업을 석유 산업과 비교했다.

> 석유처럼, 초기 포경은 수만 명의 노동자들을 더럽고 힘들고 위험하며 잔인한 노동으로 몰아넣어 황홀한 부를 낳았다. 석유처럼, 포경은 집에서 가장 친숙한 상품으로 시작하여 지구 곳곳을 채웠다. 그리고 석유처럼, 절정에 이른 포경은 난공불락으로 보였고, 포경이 만들어낸 제품은 하찮은 경쟁자들이 내놓는 냄새나는 돼지기름이나 휘발성 캄펜보다 월등히 좋았다. 포경의 관심은 경쟁자들을 조롱하는 것이었다.[49]

21세기의 고래잡이

미국의 석탄 산업은 포경 산업과 다르지 않은 궤도를 따르고 있다. 석탄 부문의 고용은 1923년 8만 명 이상에서 오늘날 5만 명으로 감소했다.[50] 이러한 감소는 부분적으로 자동화 때문이지만, 유틸리티가 더 저렴하고 경쟁력 있는 천연가스와 재생에너지로 전환하면서 석탄은 이제 국가의 주요 발전 연료가 아니다. 미국 내 석탄 회사 중 거의 절반이 2012년 이후 파산했다.[51]

석유 산업이 석탄의 쇠락을 따를 것이라는 결론은 아직 시기상조지만, 업계 내부자들은 큰 변화가 올 것을 예상한다. 세계에서 두 번째로 큰 석유 및 가스 회사인 로열더치셸의 CEO인 벤 판 뵈르던은 "에너지전환은 멈출 수 없다"라고 믿는다.[52] 세계 최대 석유 회사 중 하나인 BP는 매년 글로벌 에너지 시장 전망을 발표한다. 2018년에 대한 전망은 재생에너지의 극적인 성장을 예측하고 "발전 믹스가 근본적으로 변하게 될 것"이라고 결론지었다.[53]

발전 믹스 이동은 석유와 가스 산업을 뒤엎을 것이다. 이미 유틸리티 부문에서는 벌어진 일이다. 에너지경제연구소의 보고서는 전세계 유틸리티가 직면한 상황을 이렇게 요약한다.

재생에너지가 세계를 지배하는 에너지가 되려면 수십 년이 걸릴 수도 있다. 그래도 현재의 위치는 영구적이며, 향후 확대도 필연적이다. 아직도 재생에너지로의 전면적인 전환 방법과 시기를 고민하고 있는 전력 유틸리티라면 좌초 자산으로 인한 재정적 손해를 입기 전에 서둘러 전환하는 것이 좋다.[54]

재생에너지 전환에 성공적으로 대응한 일부 유틸리티(이탈리아의 에넬 및 미국의 넥스트에라 등)는 신기술에 적응하며 그것을 주도하고 있다. 다른 회사(미국의 NRG와 일본의 도쿄전력 등)들은 전통적인 사업으로 후퇴하고 있으며, 독일의 RWE와 같이 패배한 회사는 파산 또는 구조 조정을 강요당했다.[55] 과거의 에너지전환과 마찬가지로 사업의 승자와 패자가 갈릴 것이며, 어떤 쪽이 되느냐에 따라 앞으로 수년간 막대한 돈을 벌거나 잃게 될 것이다.

승전국과 패전국

재생에너지로의 에너지전환이 이익이 되는 국가는 이 장의 앞부

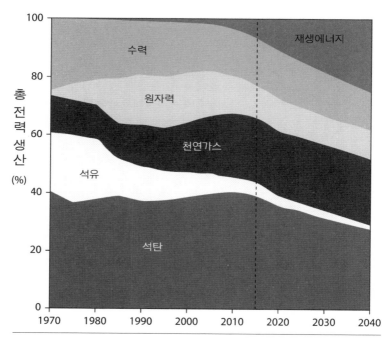

11.3 발전 믹스(BP, BP Energy Outlook, 2018 Edition)

분에서 논의한 바와 같이 중국과 인도, 그리고 가장 가난한 개발도 상국들이다. 비싼 등유 대신 재생에너지로 전환함으로써, 전기가 부족한 개발도상국의 12억 소비자는 집과 일터의 에너지 비용 지출을 줄일 수 있다. 개발도상국은 또한 버려질 기존 화석연료 인프라가 없기 때문에 재생에너지 전환의 혜택을 온전하게 누릴 수 있다. 맨 땅에서 시작하는 것이 기존 발전 자산을 교체하는 것보다 쉽고 경제 적이다. 탈중앙화 재생에너지를 통해 화석연료 사용과 중앙 집중식 발전을 건너뛰는 것은, 개발도상국이 유선 전화를 생략하고 휴대 전화 산업을 유례없이 성공시킨 것과 비슷한 방식이다.

에너지전환으로 인해 손실을 입을 가능성이 있는 국가는 석유 수출국, 특히 국가 경제를 석유 수출에 의존하는 나라다. 정부 주도로 경제 다변화를 시도 중인 사우디아라비아는 화석연료의 위험을 알고 있다. 전 석유 장관 알리 알 나이미는 한 회의에서 "사우디아라비아는 언젠가 화석연료가 필요 없어질 것을 알고 있다. 다만 그 시기가 2040년일지 2050년 또는 그 이후 언제일지 모르겠다"라고 말했다.[56] 사우디 정부는 재생에너지에 공격적으로 투자하고 있는데, 2023년까지 전력의 10%를 재생에너지로 하는 것을 목표로 특히 지역의 풍부한 햇빛을 기반으로 태양광에 적극 투자 중이다.[57]

아직 승패를 알 수 없는 국가는 미국과 유럽 내 대다수 나라다. 미국이 보유한 기술 리더십, 가용 자본 및 기업가 정신은 재생에너지로의 신속한 전환을 위한 이상적인 환경이다. 그러나 안타깝게도 앞에서 이야기했듯이 새로운 인프라 건설을 방해하는 규제와 님비주의가 문제다. 미국의 경우 또한 주로 연방 차원에서 일관성이 결여된 불안정한 정책을 펴는 것도 문제다. 정쟁으로 인해 국가 리더십이 지닌 잠재력을 낭비하고 있다. 재생에너지에 대한 지원은 일관성이 없는 반면 화석연료, 특히 석탄 채굴을 지원하는 정책은 경제의 근본 원칙을 무시하고 있다. 미국 정부가 재생에너지 및 전기차 부문에서 세계를 주도하는 여러 기업이 성장하도록 지원할지, 오히려 방해할지는 미지수다.

유럽에서는 몇몇 국가(특히 독일, 영국 및 스페인)가 에너지전환의 초기 리더였다. 그러나 브렉시트로 인한 불확실성과 EU 내 정치적 리더십 부족이 유럽의 위상을 위협하고 있다. 요약하자면, 미국과 대다수 유럽 국가는 재생에너지로의 전환에서 승리할 수 있는 좋은 위치에 있지만 근시안적인 정치적 실수로 이러한 기회를 쉽게 다른 국가에 넘겨버릴 수도 있다.

모든 에너지전환이 그렇듯, 일부 국가는 주도하고 다른 국가는 뒤따를 것이다. 일부 국가는 승자가 되고 다른 국가는 패자가 된다. 물론 최종 승자는 지구가 될 것이다. 재앙적인 기후변화를 잠재적으로 막을 수 있는 가능성이 재생에너지 전환의 가장 중요한 혜택이다. 에너지전환이 그 목표를 달성하느냐 마느냐는 순전히 시간문제이다.

12
꾸물거릴 때가 아니다

대기 중 이산화탄소가 산업화 이전의 두 배로 증가하면
얼음 없는 행성이 될 것이다. ─ 제임스 한센, 컬럼비아 대학교

핵심은 화석연료에서 재생에너지로의 에너지전환이 올 것인지 아닌지가 아니다. **언제** 올 것인지가 중요하다. 이 시점에서 전환은 불가피하다. 재생에너지인 풍력과 태양광이 경제성으로 화석연료를 앞지름에 따라 전환은 필연이 되었다. '부록 B'에 진행 중인 변화와 다가올 변화를 요약했다. 언제나 그랬듯, 에너지전환의 핵심 동력은 경제성이다. 그러나 이번 에너지전환에는 이전의 전환과 결정적으로 다른 한 가지가 있다. 꾸물거릴 여유가 없다는 것이다.

앞 장에서 지구 온난화를 섭씨 2도까지로 제한할 수 있는 잠재력 등을 비롯해 화석연료에서 재생에너지로 전환할 때 일어나는 긍정적인 기후효과를 설명했다. 그러나 여기에는 전제가 있다. 바로 신

속하게 전환할 때의 이야기라는 것이다. 시간이 중요한 이유를 이해하려면 온실가스의 흐름과 축적에 대한 간략한 설명이 필요하다.

온실가스 배출 흐름

온실가스 배출 흐름은 일정 기간 동안 배출되는 온실가스의 양을 표시하며, 일반적으로 매년 측정한다. 이것이 매년 대기에 추가되는 이산화탄소의 양이다. 예를 들어 2017년에 전 세계 온실가스 배출 흐름은 370억 톤의 이산화탄소였다.[1] 화석연료에서 재생에너지로의 에너지전환은 12.1처럼 이산화탄소 배출량 또는 흐름을 꾸준히 감소시킬 것으로 예상된다.

국제재생에너지기구는 기후변화의 주요 원인인 이산화탄소의 연간 배출량이 2050년까지 58% 감소할 것으로 예상하는데, 이는 재생에너지로의 에너지전환과 전기차의 성장 덕분이다. 이것이 기후변화와의 싸움을 낙관적으로 보는 이유다. 그러나 문제가 있다. 대기 중의 이산화탄소는 약 100년 동안 잔류한다. 이는 이산화탄소를 추가 배출하지 않더라도 지금 쌓여 있는 이산화탄소가 한 세기 동안 계속 지구를 따뜻하게 한다는 뜻이다.

온실가스 재고

온실가스 재고는 대기 중에 쌓인 이산화탄소의 총량을 나타내며, 보통 이산화탄소 농도로 표현한다. 재고를 계산하기 위해서는 측정기로 대기 중 이산화탄소 농도를 ppm 단위로 측정한다. 이전에 설

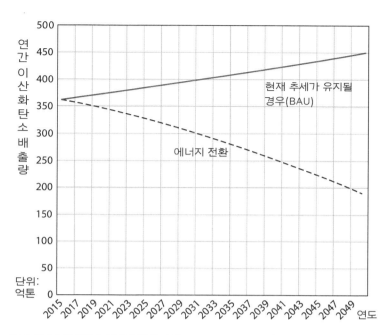

12.1 연간 이산화탄소 배출량(출처: IRENA ReMap; author's model. International Renewable Energy Agency, "Renewable Energy: A Key Climate Solution," November 2017 참조)

명했듯이 측정 데이터를 시간에 따라 표시하면 킬링 곡선이 된다. 2018년 대기 중 이산화탄소 농도는 411ppm에 달했다.[2] 이 농도 값이 중요한데, 지구를 따뜻하게 하는 온실 효과는 연간 흐름이 아닌 대기 중에 쌓인 이산화탄소가 만들기 때문이다.

파멸적인 기후변화를 막기 위해서는, 대기 중 이산화탄소 농도를 450ppm 이하로 유지해야 한다. 과학자들은 이산화탄소 농도가 450ppm보다 높아지면 지구 온도를 섭씨 2도만큼 높일 것으로 추정하고 있다. 이 선이 세계 경제와 인류의 복지에 심각한 영향을 초래하지 않으면서 허용할 수 있는 온난화의 최대 한계다. 덧붙이자면, 대기 중 농도가 450ppm를 넘으면 온실가스 피드백 루프에 구멍이 생긴다. 그러면 온난화의 결과로 지구에 변화가 생기고, 그것이 더 심각한 온난화를 가속화할 수 있다. 예를 들어, 북극 툰드라가 녹게 되면 지금까지 툰드라 동토에 갇혀 있던 온실가스가 대량으로 방출된다. 이 방출이 기후변화 속도를 더 가파르게 만들어 결국 치명적인 결과에 이르게 된다. 온실가스를 계속 배출하면 "전면적으로 심각하고 돌이킬 수 없는 충격을 초래할 가능성이 확실하다"[3] 라는 점에 80개국 1,000명 이상의 과학자들이 '과학적으로' 동의했다. 그리고 대기 중 이산화탄소 농도를 최대 450ppm 이하로 유지해야 한다고 권고했다.

꾸물거릴 시간이 없다

문제는 현재 시점에서 이산화탄소 농도가 이미 400ppm을 훨씬 초과했으며, 매년 약 2ppm씩 높아지는 연간 배출량 또는 흐름이라는 것이다. 이산화탄소는 한 세기 이상 대기 중에 남아 있다. 이산화탄소 농도가 지금 속도(그림 12.1 〈연간 이산화탄소 배출량〉과 그림 12.2 〈CO_2 농도〉에서 "Business as usual(BAU, 현재 추세로 유지될 경우)"로 표시된 선)로 높아지면, 20년 후엔 450ppm에 도달하고 2050년이 되면 480ppm을 초과하여 과학자들이 경고하는 최대 임계값을 훨씬 초과하게 된다.

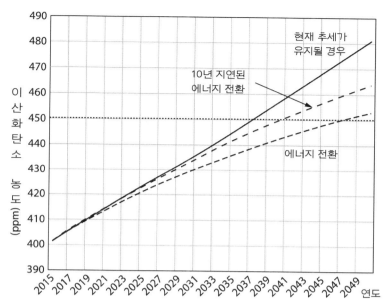

12.2 이산화탄소의 농도(출처: IRENA ReMap; author's model. IREA, "Renewable Energy: A Key Climate Solution," November 2017 참조, http://www.irena.org/-/mediaFiles/IRENA/Agency/Publication/2017/Nov/IRENA_A_key_climate_solution _ 2017.pdf?la=en&hash= A9561C1518629886361D12EFA11A051E004C5C98)

이 책에서 설명한 재생에너지 전환은 연간 이산화탄소 배출량을 현재의 360억 톤에서 2050년에는 190억 톤으로 크게 감소시킨다. 일반적인 BAU 시나리오와 비교할 때 에너지전환 시나리오는 배출량을 58%나 줄인다. 그러나 화석연료에서 재생에너지로의 에너지 전환에도 불구하고 대기 중 온실가스 농도는 수년 동안 계속 높아질 것이다. 한편으로는 전환에 걸리는 시간 때문이고, 다른 한편으로는 다른 온실가스 배출원(가령 농업용 비료 등) 때문이다.

따라서 에너지전환은 최대한 신속하게 해야 한다. 배출 감축이 10년만 지연돼도 대기 중 축적되는 양에 3,600억 톤의 이산화탄소가 더해지고, 이산화탄소 농도를 약 20ppm 증가시켜 온실 효과를 더욱 키우게 된다. 12.3은 불과 10년만 지연되더라도 2050년까지 이산화탄소 농도가 450ppm을 훨씬 초과하게 됨을 보여준다.

에너지전환이 지연되고 온실가스 농도가 450ppm을 초과하더라도 이론적으로는 탄소 격리라는 프로세스로 대기 중 이산화탄소를 제거하면 된다. 탄소 격리는 나무나 바이오매스를 심거나 바다에 철을 뿌리는 등의 실험적 지구공학 기술을 사용하는 것이다. 그러나 나무 심기는 현재 농업에 사용하고 있는 땅 중 방대한 양의 토지를 요구하며, 지구공학 기술은 대규모로 해본 적이 없다. 격리에 치러야 하는 경제적 비용도 알려진 바가 없다. 무엇보다 지구 대기 환경을 바꾸면 심각한 부작용이 나타날 수 있다.(역주: 영화 〈설국열차〉에 이 부작용이 나온다.)

재생에너지로의 에너지전환은 대기 중 이산화탄소 농도를 450ppm 이하로 확실하게 유지할 수 있는 기회의 창이다. 이 창을 여는 풍력과 태양광은 검증된 기술이며, 거의 무료다. 다만 아주 조금 열어주는데, 이것도 금방 닫힌다. 10년만 꾸물거려도 이 창은 닫히고 만다. 영원히.

전환의 타이밍
화석연료에서 풍력 및 태양 에너지로의 전환은 거의 확실히 일어날 것이다. 오직 불확실한 것은 속도인데, 이 속도가 최악의 기후변화 충격을 피하는 핵심이다. 불행히도 에너지전환의 타이밍을 예측하기란 아주 어렵다. 마차에서 자동차로 전환하는 데는 놀랍도록 오래 걸렸다. 카를 벤츠는 1885년에 '말 없는 마차'를 발명했지만 거의 30년 후인 1912년까지도 뉴욕 시의 자동차는 말보다 수가 적었다.[4] 다른 도시와 국가에서는 훨씬 더 오래 걸렸다.

글로벌 재생에너지 전환은 재앙적인 기후변화를 막을 수 있을 만큼 빠르게 이루어질까? 그 답은 무엇보다 배터리 가격에 달려 있다. 앞에서 설명했듯이 배터리는 화석연료에서 태양광 및 풍력으로 전환하는 데 핵심적인 저장 기능을 한다. 리튬이온 배터리의 kWh당 제조비용은 2010년 750달러에서 2017년 145달러로 떨어졌지만[5] 여전히 너무 비싸다. 전기차는 아직 가솔린차와 직접 경쟁할 수준이 못 되고, 풍력 및 태양광이 만드는 재생에너지 전기도 천연가스 및 석탄과 저장 비용 경쟁이 어렵다.

배터리를 얼마에 생산해야 화석연료에서 재생에너지로의 에너지전환을 보장할 수 있을까? 답은 kWh당 100달러 미만, 바람직하게는 kWh당 75달러 미만이다. 이 가격이면 재생에너지 전기를 저장했다가 꺼내 써도 화석연료와 경쟁할 수 있고, 전기차가 기존 엔진차보다 저렴해질 수 있다.[6] 그렇다면 언제 될까? 제너럴모터스는 배터리 생산비를 2022년까지 kWh당 100달러로 낮춘다는 목표를 발표했다.[7] 블룸버그 뉴에너지 파이낸스는 19%의 학습률을 이용하여 배터리 가격이 2030년까지 kWh당 73달러로 낮아진다고 예측한다.[8] 현재 추세를 보면, 이러한 가격 예측은 달성될 가능성이 높다. 이것은 재생에너지 전환에 무척 좋은 소식이며, 물론 기후변화와의 싸움에도 그렇다. 그러나 이 싸움은 더 이상 꾸물댈 수 없다.

지연의 대가

온실가스 농도가 높아지면 지구가 따뜻해져 그린란드와 남극 대륙의 빙상이 더 빠르게 녹을 것이다. 컬럼비아 대학의 과학자인 제임스 한센은 대기 중 이산화탄소 농도가 두 배로 증가할 때의 효과를 간결하게 요약했다. "지구는 얼음이 거의 없는 행성"이 될 것이라고. 얼음이 사라지면 인류에게 심각한 영향을 미친다.

그린란드는 거의 2마일 두께의 빙상으로 덮여 있으며, 이것이 녹으면 바다로 흘러가 전 세계 해수면을 상승시킨다. 그린란드의 전체 빙상이 녹으면 해수면은 약 7.3미터 상승한다.[9] 뉴욕 시 전체와 미국 주택의 25%가, 지붕까지는 아닐지라도, 바닷물에 잠긴다.[10] 하지만 가장 큰 위험은 남극 대륙에서 온다. 남극 대륙을 덮고 있는 빙상은 지구 해수면을 6미터 이상 높이기에 충분한 물로 되어 있다.[11] 빙상이 녹아 바다로 흘러가면 해수면 상승을 되돌릴 방법은 없다. 이 변화는 일단 발생하면 되돌릴 수 없다. 지구 기후변화에 대해 가장 최근 발표된 과학 보고서의 결론이다.[12]

온실가스 배출 줄이기를 늦추면 대기 중 이산화탄소는 더 많이 축적되어 온난화가 가속화되고, 해수면이 비극적인 수준으로 상승할 위험이 높아진다. 이산화탄소 감축을 늦추면 늦출수록, 비용도 같이 늘어난다. 1톤씩 쌓일 때마다 현재 누적량에 더해져 한 세기 이상 남아 있기 때문이다. 세계은행의 경제학자들이 추정한 바에 의하면 해수면 상승으로 인한 해안 도시의 홍수 피해 비용은 2050년까지 연간 1조 달러에 달한다.[13] 미국 동부 웨슬리언 대학의 개리 요히 교수는 지연 비용을 보다 간명하게 설명한다. "지체할수록 더 많은 비용이 든다."[14]

불가피한 변화

여러 면에서 기후변화는 간단한 문제다. 그 문제를 일으키는 것은 대기로의 온실가스 배출이며, 화석연료를 태워 에너지를 만드는 것이 주원인이라는 것은 잘 알려진 사실이다. 더욱이 문제를 해결하는 방법도 이미 가지고 있다. 점점 저렴해지고 있는 재생에너지인 태양광과 풍력이다.

기후변화가 특히 애가 타는 문제인 이유는 세계 경제를 화석연료에서 멀어지게 할 전환 기술이 이미 존재하기 때문이다. 더구나 그 비용은 빠르게 떨어지고 있고 이미 제로에 가까워진 상태다. 이것은 이미 비싼 데다 앞으로 더 비싸질 지연의 비용과 극명한 대조를 이룬다. 결여된 것은 가능한 빨리 에너지전환을 이루겠다는 정치적 의지다. 각국의 정부는 전환을 늦추기보다 가속화하는 법을 제정해야 한다. 이를 위해서는 예지력과 의지를 가지고 인프라에 대한 투자를 촉진해야 한다. 가장 중요한 것은 화석연료 세계에서 재생에너지 세계로의 변화를 지원하는 정부가 꼭 필요하다는 점이다.

불행히도 정부들은 변화에 대한 의지가 거의 없다. 모든 사람이 변화의 혜택을 받는 것이 아니기 때문이다. 에너지전환은 승자와 패자를 만들 것이다. 그러나 지연된 에너지전환은 기후변화로 인해 아주 많은 패자를 만들 것이다. 필연적으로 경제성이 좋은 재생에너지, 태양과 바람이 만드는 재생에너지가 비싼 화석연료를 대체할 것이다. 어떤 이들은 그런 일이 일어나기를 기다린다. 그러나 다른 이들은 그런 일이 일어나게 만든다. 우리 모두는 그 어느 때보다 지금 그 일이 일어나길 원한다.

부록 A : 균등화 발전 원가(LCOE) 공식

$$
\text{LCOE} = \frac{\text{설비 수명 기간 중 총 비용}}{\text{설비 수명 기간 중 총 발전량}} = \frac{\sum_{t=1}^{n} \dfrac{I_t + M_t + F_t}{(1+r)^t}}{\sum_{t=1}^{n} \dfrac{E_t}{(1+r)^t}}
$$

I_t : t연도의 정부 보조금을 뺀 투자 지출

M_t : t연도의 오염 저감 비용, 운영비 및 유지관리 비용

F_t : t연도의 연료비

r : 자본 투자에 대한 할인율

n : 발전소의 기대 수명

LCOE 계산 예제

설비 이용률 29%, 자본 투자 1억 달러, 연간 운영 및 유지관리 비용이 50만 달러인 100MW 풍력발전단지를 건설한다. 이 풍력발전단지를 25년 동안 운영하면, 잔존 가치는 모두 없어진다고 가정한다.

가중 평균 자본 비용(WACC): 풍력발전단지의 자본 비용(V)은 자기자본(E) 30%를 이자율 12%(Re)로 조달하고, 나머지 70%는 이자율 6%(Rd)인 융자(D)로 자금을 조달한다. 세율(T)은 30%다.

$$\text{WACC} = \left(\frac{E}{V} \times \text{Re}\right) + \left(\left(\frac{D}{V} \times \text{Rd}\right) \times (1-T)\right)$$

$$\text{WACC} = \left(\frac{\$30}{\$100} \times 12\%\right) + \left(\left(\frac{\$70}{\$100} \times 6\%\right) \times (1-30\%)\right)$$

$$= 6.54\%$$

$$\text{LCOE} = \frac{\overset{\text{in year 0}}{(\text{첫해 }\$100\,\text{m} + 25\text{년 동안 }\$500,000\,/\text{년})} \overset{\text{discounted @}}{\text{할인율 }6.54\%\,/\text{년을 적용}}}{(100\,\text{MW} \times \text{설비이용율 }29\% \times 365\text{일} \times 24\text{시간})\,/\text{년, }25\text{년 동안 발전}}$$

$$= \$34.36\,/\,\text{MWh}$$

부록 B: 재생에너지 전환 도식

재생에너지로의 전환은 이미 불가피하다. 경제성을 높인 재생에너지(풍력과 태양광)는 이미 화석연료를 추월했을뿐더러, 앞으로도 더욱 경쟁력을 강화할 것이기 때문이다. 다음 그림은 현재까지 일어난, 그리고 향후 더해질 변화를 요약한 것이다.

화석 연료에서 재생 에너지로의 전환: 과거, 현재 그리고 미래

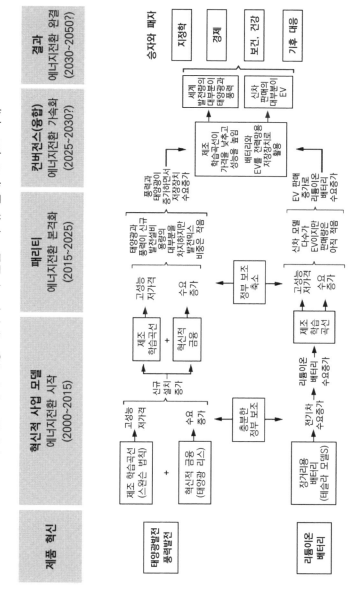

제품 혁신	혁신적 사업 모델 에너지전환 시작 (2000~2015)	패리티 에너지전환 본격화 (2015~2025)	전바전스(융합) 에너지전환 가속화 (2025~2030?)	결과 에너지전환 완결 (2030~2050?)

승자와 패자

지정학

경제

보건, 건강

기후 대응

용어 풀이

BOS(Balance of Systems): 태양광 패널 이외의 태양광 설비에 필요한 주변 부품과 그 구성 요소. 일반적으로 랙, 장착 부품, 전선, 인버터, 컨트롤러 및 배전망 접속 설비 등이 포함된다.

BTM(Behind-the-Meter): 가정, 빌딩, 공장 등 수용가가 자가 소비를 목적으로 설치한 주택용이나 건물용 태양광, 혹은 분산형 에너지 시스템이다. 계량기 뒤에 설치되어 전력회사에는 계량되지 않아 서(보이지 않아서) 전기요금이 부과되지 않고, 전력회사의 제어도 미치지 않는다.

FTM(Front-the-Meter): (역주) 전력을 생산·전달하기 위한 시스템으로서 발전소, 계통에 연계된 대규모 태양광·풍력 및 에너지 저장 장치, 송배전망 등이다. 발전된 전기는 전력망을 통해 흐르며, 미터기를 통해 계량되어 거래되고, 전력회사의 급전 제어 대상이다.

GW(기가와트): 10억 와트에 해당하는 전력 단위. 글로벌 발전 설비 용량 등을 표시할 때 적절하다.(예: 풍력터빈의 총 설치 용량은 2011년에서 2016년 사이에 238GW에서 487GW로 약 두 배 증가)

kW(킬로와트): 1,000와트에 해당하는 전력 단위. 주택용이나 소형 빌딩에 적절한 단위다.

MW(메가와트): 백만 와트에 해당하는 전력 단위. 발전소의 설비 용량이나 발전출력을 표시할 때 유용하다.

Net Metering(넷미터링): 태양광 시스템을 갖춘 수용가가 자가 소비량보다 초과 발전한 전기를 전력망에 보낼 때, 그 가치만큼을 전기요금에서 상계 처리하는 과금 방식.

PAYG(Pay-As-You-Go, 페이고): 직불 종량제 요금. 개발자가 개발도상국 저소득 가정에 소형 태양광발전을 설치하고, 고객은 사용한 발전량에 해당하는 요금을 지불하는 금융 모델.

RPS(Renewable Portfolio Standard, 재생에너지 공급 의무화 혹은 재생에너지 의무 할당제): 정부가 발전 사업자에게 총 발전량의 일정 비율 이상을 재생에너지로 공급하도록 의무화해 규제하는 제도. 이를 준수하지 못할 경우 페널티를 부과하므로 부족한 만큼의 실적을 시장에서 구매하게 된다. 시장 메커니즘으로 재생에너지 발전을 지원하는 제도다.

W(와트): 가전제품의 소비전력 표시에 유용한 전력 단위.(예: 100W 전구를 켜려면 100W의 전력이 필요함) kW, MW 및 GW 참조.

가중 평균 자본 비용(WACC, Weighted Average Cost of Capital): 프로젝트 자본 조달에 사용된 유형별 자본 비용을 각각의 상대적 비율을 고려해 산정한 평균 자본 비용. 일반적으로 부채 사용에 따른 세금 혜택도 포함해 계산한다.

간헐적 에너지: 발전이 불규칙하고 불확실해서 사용 가능성이 확실하지 않은 에너지. 풍력과 태양광 발전이 대표적인 간헐적 에너지인데, 바람이나 햇빛이 있을 때만 발전하기 때문이다.

균등화 발전 비용/발전 원가(LCOE: Levelized Cost of Electricity): 다양한 발전원의 발전 비용을 비교하기 위한 표준 단위. 종종 균등화 에너지 비용(LCOE, Levelized Cost of Energy)과 혼용된다.

그리드 패리티(Grid Parity): 재생에너지 발전 비용이 화석연료 발전 비용과 같거나 그보다 낮아지는 상태.

급전 가능 에너지: 필요할 때 발전이 가능한 에너지. 언제든지 원하면 쓸 수 있는 에너지이다.

내연기관(ICE, Internal Combustion Engine): 작은 공간(연소 실)에서 가솔린 또는 디젤 연료를 연소해 동력을 생성하는 엔진.

변환 효율: 에너지 변환 시스템에서 입력 에너지에 대한 유용한 출력 에너지의 비율.

복합 가스터빈: 가스터빈과 증기터빈을 함께 사용하여 발전하는 발전 기. 가스터빈에서 배출되는 열로 증기를 만들어 추가 발전한다.

부하 프로파일: 주어진 기간 동안 소비한 전기의 총량. 보통 24시간 주기로 나타낸다.

분산 발전: 소비될 장소 근처에서 생산하는 에너지. 집과 건물에 태양광 패널을 설치하는 태양광발전은 전형적인 분산 발전이다.

설비 이용률: 발전기를 정격 운전할 때 낼 수 있는 최대 발전량 대비 실제 발전 전력량의 비율. 실제 발전량을 설비의 정격 용량으로 나누어 계산한다.

소프트 비용: 재생에너지 프로젝트에서 설비비 및 건설비 이외의 비용. 보통 프로젝트 설계, 인허가, 법률 비용, 규제 비용, 인건비 및 유지보수 비용, 자금 조달 비용 등이 포함된다.

스완슨의 법칙: 태양광 패널 누적 생산량이 2배 증가할 때마다 생산 비

용이 약 20% 감소한다는 것으로, 태양광 패널 생산의 학습곡선이다.

에너지 밀도: 물질 또는 시스템이 단위 부피 또는 질량당 저장할 수 있는 에너지양.

외부 효과: 경제 활동의 결과로 생기는 부수적인 효과. 활동을 직접 했거나 그로 인해 이익을 얻는 당사자가 아니라, 무관한 사람들이 비용을 치르거나 피해를 본다. 화석연료 연소로 인한 대기 오염이 전형적인 사례다. 대부분의 외부 효과는 부정적이다.

원자재 상품: 동일한 유형의 다른 상품과 가격 외에는 차이가 없어 교환 대체할 수 있는 상품 또는 서비스. 전기가 그러한 예다. 소비자는 가격 외에 상품의 출처에 대해 무관심하다.

자본 비용: 발전소와 같은 프로젝트에 자본을 투자할 때 요구하는 수익.(% 단위로 표시)

전기: 전자가 이동하며 흐를 때 생성되는 에너지의 일종. 전기의 세기는 W 단위로 표시하며, 전기의 양은 W에 시간을 곱한 Wh 단위로 표시한다. 킬로와트시(kWh), 메가와트시(MWh) 및 기가와트시 (GWh) 등은 각각 천 Wh, 백만 Wh, 10억 Wh를 의미한다.

전력: 전기의 세기. 보통 발전 혹은 소비하는 강도(세기)를 나타내는 척도다. 전력은 킬로와트(kW), 메가와트(MW) 및 기가와트(GW)로 표시한다.

전력 구매 계약(PPA, Power Purchase Agreement): 전기 생산자와 구매자 사이의 거래 계약. 발전 프로젝트에서는 보통 20년 이상의 장기 고정 가격으로 계약한다.

주행거리 불안: 전기차의 배터리가 목적지나 충전 장소에 도달하기 전에 방전될 것이라는 운전자의 두려움.

집광형 태양열발전: 거울이나 기타 반사 렌즈를 사용하여 태양광을 한 지점에 집중시켜 발전하는 태양열 발전소. 집광된 태양열로 증기를 만들어 발전용 증기터빈을 돌린다.

태양광 리스: 태양광 금융 모델로, 집주인이나 건물주가 태양광 시스템을 소유하지 않고 매달 일정한 금액을 지불하여 발전 전력을 사용한다. 집주인 및 건물주는 설치 및 유지관리 비용 없이 매달 소액을 지불하며 태양광 전기를 사용해 전기요금을 줄일 수 있다. 개발자는 태양광 설치에 필요한 입지(지붕이나 건물 공간)를 쉽게 확보하고, 사업 모델에 따른 수익을 확보한다.

피크 부하: 부하 프로파일에서 전력 부하의 최대 크기 혹은 그 시점. 보통 피크 부하는 하루(24시간) 동안의 최대 전력 수요 또는 1년 중 최대 전력 수요에 해당한다.

학습곡선: 생산량 증가에 따라 제품 제조비용이 감소하는 현상에 대한 경제학적 표현. 보통 총 생산량이 두 배 증가할 때마다 비용이 감소하는 비율로 표시한다.

할인: 시간에 따른 화폐 가치 변화를 고려하여 미래 현금 수익을 현재 가치로 환산하는 것.

인류를 부양할 싸고 풍부한 에너지

재생에너지 – 과학과 상식의 관점

에너지란 일을 할 수 있는 능력이다. 에너지가 없으면 어떤 일도 할 수 없으며, 역으로 에너지가 충분하다면 무슨 일이든 해낼 수 있다. 에너지는 삶을 지탱하는 데 가장 중요한 것이며, 에너지 없이는 먹고 마시고 자고 움직이고 일하고 즐기는 모든 것이 불가능해진다. 나아가 산업과 경제, 그리고 문명까지도 존재할 수 없다.

이처럼 에너지는 인류의 생존에 무엇보다 중요한 것이기에, 그로 인해 생기는 문제와 영향은 비관론자들이 가장 입에 올리기 좋아하는 메뉴 중 하나다. 이들은 시시때때로 문명의 지속가능성에 대해 경고하며 성장의 종말을 이야기한다. 1972년 비관적 지구 미래 예측으로 충격을 줬던 로마 클럽의 보고서 『성장의 한계(The Limits to Growth)』가 나온 이후 비관론자들은 에너지, 식량, 물 세 가지의 위기를 끊임없이 거론하며 지금보다 아껴 쓰고 덜 써야 인류 문명이 지속가능할 수 있다는 주장을 펼쳐왔다.

인류가 둥지를 버리고 사바나로 걸어 나아간 이래 인구가 늘고 물질 소비가 확대되면서 우리 문명은 여러 번 한계에 부딪혔다. 대부분 부양 능력이 심각한 한계에 이르는 문제였으나, 인류는 때로는 천재적인 혁신을 통해, 때로는 천신만고의 노력으로 해결해왔다. 끊임없이 문제를 만들고 그때마다 해결을 거듭하면서 우리의 능력도 점점 더 커졌고, 오늘날 인류세(人類世)라고 부를 정도에 이르게 되었다. 이렇게 본다면 인류사는 가히 성공적이라 할 수 있을 것이다.

하지만 지금의 세계는 미래에 관한 어두운 주술과 관성적 낙관 사이에서 갈피를 잡지 못하고 있다. 선형적인 세계관으로 보면 가속화되는 인구 증가, 심해지는 자원 소비(에너지, 식량, 물 그리고 토지와 물질 자원 등), 그 결과 발생하는 에너지 고갈과 온갖 오염 및 부작용, 생태계 교란, 기후변화, 대재앙의 가능성으로 인해 우리 인류가 새로운 위기에 처했다는 사실이 드러난다. 여기에다 스스로에 대한 믿음까지 없으면 더는 성장을 지속할 수 없게 될 거라는 부양한계론이 그럴듯하게 들린다.

터무니없어 보이는 낙관론도 있다. 매일 빛과 어둠이 뜨고 지듯이 문제는 언제나 생기고, 그 해결책도 항상 찾을 수 있다는 것이다. 과거를 돌이켜보면 역사는 본질적으로 비선형적인 복잡계라서 위기는 새로운 진화를 창발해 더 높은 차원의 번영과 풍요를 만들기 위한 전제 조건처럼 보이기도 한다. 그야말로 기술낙관론인데, 이는 변화 그 자체가 우주의 섭리이며, 고갈이든 변동이든 적응하고 생존해서 해결할 수 있다는 주장에까지 이른다. 이런 희망적인 얘기를 들으면 마음이 편해지고, 솔깃한 믿음이 나른하게 퍼진다.

비관론이든 낙관론이든, 인류의 부양 능력을 좌우하는 것은 에너지를 싸고 충분하게 쓸 수 있는지 여부다. 사실 깨끗하고 안전한 에너지라면 좋겠지만, 그런 것이 여전히 남아 있을 리 없으니 더럽고 불안하더라도 싸고 충분하기만 하면 된다. 지금까지 인류는 에너지를 엄청나게 싼값으로 흥청망청 써왔다. 지난 150만 년 동안 나무를 썼고, 나무가 비싸지니 대신 저렴한 석탄과 석유로 바꿔 쓰고 있다. 요즘 원유는 가격이 배럴당 100달러가 넘어가면 시장에서 비싸다고 난리가 난다. 그런데 석유 1배럴에는 무려 만 명의 성인 노동자가 한 시간씩 내는 에너지가 담겨 있다. 얼추 1억 원어치의 에너지양인데, 이걸 100달러에 쓰는 것이 석유다. 석탄은 더 심해서 100달러어치에 무려 성인 노동자 13만 명이 한 시간씩 일하는 만큼의 에너지가 담겨 있다. 이것을 연료로 발전하면 5만 명(시급으로 대략 5억 원)에 해당하는 전기가 생산된다. 석유든 석탄이든 100달러 정도의 가격에 대해 비싸다고 하는 건 말도 안 되는 억지인 셈이다.

그럼에도 에너지는 얼마 전까지 중요하지도, 관심을 끌지도 못하는 주제였다. 가격이 싸서 그럴 것이다. 비싸기 때문에 뉴스에 자주 오르내리는 아파트와 확연히 비교된다. 언론에서 에너지를 주제 삼아 갑

론을박하는 일은 너무나 드물어서, 중동에서 전쟁이 일어나거나 큰 정전이 발생할 때에야 겨우 볼 수 있었다. 그런데 요즘 이런 에너지 문제를 놓고 좌우로 편을 갈라 이해와 득실을 따지는 일이 잦아졌다. 다만 에너지가 비싸져서 벌어진 일이 아니라 정치화되어 생긴 일이라는 점이 특이하다.

작금의 에너지는 가장 뜨거운 정치적 사안 중 하나가 되었다. 원래 에너지는 과학이나 공학, 혹은 그에 기반을 둔 경제나 경영의 문제로서 묵묵히 삶과 문명을 부양하는, 싸고 충분하다면 아무도 돌아보지 않는 것이며, 드라이하게 말하면 사회 간접 자본 중 하나일 뿐이다. 그런데 곳곳에서 원전과 탈원전, 석탄과 기후변화, 태양광과 풍력, 그리고 망할 것 같다는 중후장대(重厚長大)한 공장 이야기가 어지럽게 날리고 있다. 에너지를 두고 지금처럼 많은 말과 글이 날선 칼처럼 난무 작열하며 부딪친 적은 없었다. 그야말로 에너지가 정치, 그것도 가까이 가면 타버릴 만큼 뜨거운 정치가 된 것이다.

사실 에너지, 그중에서도 재생에너지는 특별히 놀라운 잠재력과 가능성을 가지고 있다. 그 이유는 단순하다. 싸고 많기 때문이다. 동의하든 안 하든 싼 가격으로 충분한 양을 쓸 수 있는 것은 재생에너지뿐이다. 그래서 인류 문명을 부양할 수 있는 잠재력을 지닌 유일한 후보다. 그런데 정치적인 논쟁으로 인해 재생에너지가 오해받고 힘을 잃어가고 있다. 잦아진 재생에너지 정책 토론을 보면 스스로를 정쟁에 엮어 혼란에 빠진 전문가들이 등장해 에너지를 과학이 아닌 종교의 관점에서 바라보면서 믿느냐 안 믿느냐로 편을 가른다. 그럴 때마다 말해주고 싶다. 인류를 부양하는 문제를 해결하기 위한 답은 종교가 아니라 싸고 충분한 에너지라고.

아마 이것이 어셔 교수가 이 책을 쓴 이유일 것이다. 저자인 브루스 어셔는 컬럼비아대학 경영대학원 교수로서 사회적 기업을 위한 테이머 센터를 운영하며 재정, 사회 및 환경 문제의 교차점에 대해 가르치고 있으며, 기후변화와 비즈니스에 중점을 둔 수많은 사례를 연구하고 저술했다. 아울러 기후변화와 청정에너지에 중점을 둔 벤처 기업인 UsherWorks.com의 투자자이자 고문이기도 하다. 한마디로 시장과 실무에 폭넓은 경험이 있는 전문가다. 이러한 그가 2019년에 어스 인스티튜트의 지속가능성 시리즈의 첫 권으로 출판한 이 책은 책상머리가 아닌 현장에서 느끼고 체화한 지식을 정리한 결과라 할 수 있다. 그는 에너지가 시장과 경제 영역에서 판단되지 않고 정치와 신앙의 주장으로 어지럽혀지고 있는 상황이 걱정스러웠을 것이다. 이는 우리의 현재 상황이기도 하기에 이 책을 읽으면 에너지에 관한 기본적인 생각을 다잡아 올바른 판단을 할 수 있을 것이다.

재생에너지 입지와 전기농사

미래의 에너지가 갖춰야 할 조건은 단순하다. 충분한 양을 싸게 쓸 수 있어야 한다는 것이다. 나머지는 본질적인 문제가 아니다. 더럽다면 깨끗하게 만들면 되고, 위험하다면 안전하게 하는 기술을 쓰면 된다. 그렇게 한 결과 싸고 충분한 에너지가 된다면, 바로 인류 문명을 부양할 미래 에너지의 자격을 갖추는 것이다. 이 점에서 어셔 교수의 입장은 명확하다. 현재 사용하는 화석연료는 깨끗하게 만드는 비용이, 원자력은 안전하게 만드는 비용이 점점 비싸지기 때문에 미래 에너지로서의 자격이 없다는 것이다.

재생에너지로의 전환에는 세 가지 과제가 있다. 필요한 입지, 기술 그리고 정치사회적 리더십이다. 그중 충분한 양의 재생에너지를 싸게 공급하기 위해 해결해야 할 근본적인 문제는 입지다. 재생에너지 확대를 우려하는(사실은 반대하는) 이들이 과연 재생에너지 발전에 필요한 입지가 있느냐는 질문을 가장 많이 던지는 이유도 그 때문이다. 이런 질문을 하는 사람들 대부분은 묻는 동시에 답도 한다. 재생에너지 전환에는 엄청난 입지가 필요한데 이를 감당할 토지는 부족하다, 그럼에도 재생에너지 발전을 확대한다면 소중한 농지와 산지를 훼손하고 말 것이다, 그러니 싸고 충분한 재생에너지란 허구일 뿐이며 따라서 재생에너지에 반대한다고 말이다.

이처럼 논란의 대상이 되는 재생에너지 입지는 사실 태양광발전에 필요한 입지다. 지구가 가진 재생에너지 자원 중 태양광이 압도적으로 많기 때문이다. 〈그림1〉에서 기준량 16으로 표시한 왼쪽의 작은 원은 현재 인류가 연간 소비하는 총 에너지양으로 대략 1TW-year이다. 오른쪽 아래의 회색 원들은 한 번 쓰면 사라지는 화석연료 및 우라늄의 에너지양인데, 대표적인 석탄도 연간 인류 전체가 소비하는 에너지양의 60배에 불과해 고갈될 것이 분명하다. 오른쪽 위의 노란 원들이 재생에너지인데, 대부분 양이 충분하지 못하여 한계가 있다. 풍력도 전체 인류의 연간 에너지 소비량의 1.6~4.4배 수준이라 충분

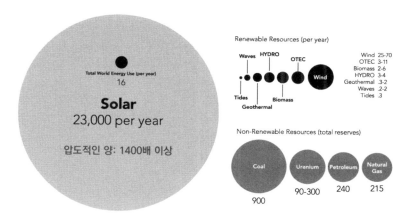

〈그림 1〉 지구의 에너지 자원량 비교. 왼쪽 작은 원(기준량 16)이 현재 인류가 연간 소비하는 총 에너지양이다. 오른쪽 아래의 회색 원들은 화석연료 및 우라늄의 에너지양이고 그 위의 검은색 원들이 재생에너지다.

한 양이라 하기 어렵다.

오직 태양광 에너지만이 매년 1400배가 훨씬 넘는 에너지를 고갈 없이 공급한다. 거의 무궁무진한 양이다. 그래서 미래 에너지로는 오직 태양광발전만이 자격이 있다. 대표적인 재생에너지인 풍력에너지도 태양광에너지의 0.1~0.3%에 불과하다. 이것이 향후 설치될 재생에너지 발전 설비 중 태양광발전이 압도적으로 많은 이유다. 또한 풍력발전은 대부분 바다에 설치하는 해상풍력이고 일부만 육지에 세우기 때문에 입지 문제 해결이 상대적으로 쉽다. 따라서 재생에너지 입지와 관련된 어려움은 거의 태양광발전에 관한 것이다.

10년 전 태양광발전은 값이 싸지만 효율이 낮은 패널을 사용했다. 이 패널을 사용하면 MW당 1헥타르, 즉 1만 제곱미터(3천 평)의 입지가 필요하다. 숫자만 보면 고작 1메가와트를 발전하는 데 무려 3천 평이나 되는 광야가 필요하다니 걱정이 앞선다. 그런데 달리 이야기하면, 1메가와트에 3천 평이 필요하니 1킬로와트당 3평이 필요하다는 것과 같다. 현재 널리 사용하는 패널은 효율이 높아져 2평에서 1킬로와트가 훌쩍 넘게 발전하므로, 몸 하나 뉠 수 있는 조각 땅에 (가격도 싸진) 패널 두 장을 꽂으면 1킬로와트가 발전되는 것이다. 이는 성인 노동자 16명이 내는 힘과 같다. 상당히 큰 힘이다. 우리나라에서는 얼추 하루에 4시간가량 발전하므로, 2평에서 하루 평균 9명의 성인이 8시간 동안 쉬지 않고 일하는 것과 같은 에너지가 생산되는 것이다. 그 에너지라면 냉장고도 돌리고 로봇 청소기나 TV, LED 조명도 사용할 수 있다. 이것은 깊이 생각해볼 숫자다. 더구나 태양광발전이든 풍력발전이든 재생에너지 입지는 언제든지 농사나 다른 용도로 쉽게 재사용할 수 있으며, 지력(토지 생산력)이 회복되어 다시 농사를 지으면 더 잘된다. 원자력발전에 사용한 용지가 영구 폐기되는 것과는 근본적으로 다르다.

〈그림 2〉 태양광발전과 원자력발전에 필요한 입지 비교. 태양광발전에는 상대적으로 많은 토지가 필요하지만, 원자력발전 입지는 영구 폐기되는 반면 태양광발전 입지는 언제든지 재사용할 수 있고 지력이 회복되어 건강해진다.

간혹 질문을 가장한 주장도 있다. 최근 정부가 소심하게(?) 추진하고 있는 '재생에너지 3020' 정책(2030년까지 재생에너지 비중을 20%로 높이겠다는 계획으로 2017년 12월 발표되었다)에서 2030년 목표로 삼은 태양광발전 설치 용량 36.5GW를 달성하기 위해서는 무려 1.1억 평의 입지가 필요한데, 이는 여의도 면적 137개에 해당한다는 것이다. 20년 전의 태양광 패널 효율(당연히 아주 낮은)을 거론하며 여의도 면적의 194배에 달하는 임야와 농지가 파괴될 거라는 주장도 있다. 애석하게도 주요 언론 대부분이 이런 식이어서 악화가 양화를 구축하듯 '재생에너지 몹쓸론'이 굳어지고 있다.

그러나 이것도 달리 설명할 수 있다. 일단 몇 가지 알아야 할 사실이 있는데, 의외로 농사에 대한 데이터를 확인하는 것이 통찰에 도움이 되기 때문이다.

벼농사로는 논 1평에서 1년 동안 평균 4300kcal 정도의 열량(에너지)을 생산한다. 전력량 단위로 환산하면 1kWh가 860kcal이므로 이는 5kWh의 전기에너지에 해당한다. 에너지 측면에서만 보자면 벼농사는 연간 5kWh를 생산하는 것이다. 밀농사는 1년에 이보다 적은 3000kcal 정도를 생산하므로 3.5kWh에 해당한다. 이모작을 하면 생산성이 높아져 대략 7000kcal의 에너지를 생산하고, 이는 8kWh 정도다.

그렇다면 태양광 패널을 설치하면 어떻게 될까? 요즘 사용하는 패널을 기준으로 하면 연간 무려 657kWh의 전기가 생산된다. 이를 열량으로 환산하면 56만kcal이다. 다시 말해 논에 태양광 패널을 설치하면 벼농사는 131배, 밀농사는 187배 더 많은 에너지를 생산할 수 있고, 이모작의 경우도 80배가 넘는 에너지를 생산할 수 있다.

더구나 농사에는 엄청난 노동과 화석에너지가 필요하다. 현대 농법 자체가 비료부터 농기계, 농업용수 관리 및 농산물 가공·유통 과정에서 대량의 에너지를 사용하기 때문이다. 반면 태양광 패널은 한 번 설치하는 것으로 끝난다. 그리고 태양광으로 생산한 전기는 별다른 손실 없이 수백, 수천 킬로미터를 통과해 소비자에게 전달된다. 생산 에너지에서 투입 에너지를 제하고 비교하면 그 차이는 100배 수준이 아니라 족히 500배 이상이 된다.

생산하는 에너지양을 비교할 수도 있지만, 수익성(경제성)을 비교해 보는 것도 태도를 정할 때 도움이 된다. 농지 1평에서 쌀농사로 얻는

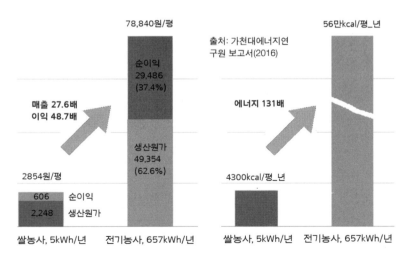

〈그림 3〉 쌀농사와 태양광발전(전기농사)의 에너지 생산량 및 경제성 비교

수익은 연간 3천 원이 채 되지 않는다. 하지만 태양광 패널로 전기를 생산하면 7만 원 이상의 수익을 올릴 수 있다. 비용을 제외한 순이익을 비교하면 쌀농사가 600원 정도고 전기농사는 3만 원에 육박한다. 매출은 27배 이상, 이익은 48배 이상을 낼 수 있다.

이런 이야기를 하는 것은 농사의 낮은 생산성을 지적하기 위해서가 아니다. 지난 만 년 동안 인류를 부양하고 현재의 문명에 이르게 한 것이 농사라는 사실은 누구도 부인할 수 없다.(농업혁명이 인류 문명사의 어떤 혁명보다 위대하다는 것은 농사의 부양 능력이 수렵 채집 대비 2만 배에 이른다는 것으로 충분히 증명된다.)

여기서 말하고 싶은 것은 바로 재생에너지의 부양 능력이다. 태양광 패널은 하루 발전 시간이 고작 3.6시간에 불과하고, 모양도 넓기만 해서 6제곱미터(2평, 2020년 한화 큐셀 판매 제품 기준)의 땅이 있어야 겨우 1kW 출력을 설치할 수 있다. 단지 숫자만의 문제가 아니라 실제로 설치된 태양광발전 현장을 보면 혁신이나 첨단과는 어울리지 않는 모습에 한숨이 절로 나온다. 그런데 이 허접해 보이는 태양광발전으로 생산하는 에너지가 벼농사나 밀농사의 100배 이상이다. 이제 농업을 한 단계 진화시켜, 전기를 농산물로 삼아 농지에서 전기농사를 시작할 필요가 있다.

또 하나 말하고 싶은 것은 농업 부문의 토지 생산성 향상이다. 단기적으로 보면 매년 농산물 수요와 생산은 비슷하기 때문에, 농지 면적의 변화를 살펴보면 농업의 토지 면적당 생산성을 유추할 수 있다. 즉 농지 면적이 줄어드는 것은 생산성이 높아지기 때문이다.

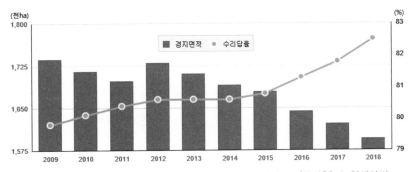

〈그림 4〉우리나라 경지 면적 및 수리답률 추이. 출처: 농업면적조사(통계청), 농업생산기반정비사업통계연보(한국농어촌공사). 토지 생산성 향상으로 농경지가 줄어들고 있다.

　〈그림 4〉를 보면 우리나라 농지 중 방치되는 면적이 늘고 있음을 알 수 있다. 2012년부터 2017년까지 5년 동안 농사를 짓지 않고 놀리는 휴경지 면적은 대략 11만 헥타르(11억 제곱미터, 3.3억 평)이다. 누적하면 6.3% 정도이니 매년 평균 1.3%씩 줄어든 셈이다. 통계청과 한국농촌경제연구원의 2018년 분석에 따르면 2019년부터 2028년까지 국내 농지는 연평균 1.3%씩 꾸준하게 줄어들 것으로 예상된다.

　휴경하는 이유는 여러 가지다. 농촌 지역의 고령화, 식생활 변화에 따른 쌀 소비 감소 등의 이유도 있으나 근본적인 원인은 농업 부문의 생산성 향상이다. 농부들은 농사를 시작한 이래 1만 년 이상 꾸준히 생산성을 높여왔다. 석탄에너지 전환에 따른 산업혁명으로 농업도 기계화되었고, 화학산업은 풍부한 인공 비료를 공급했다. 백 년 전의 농업과 오늘날의 농업은 하늘과 땅 차이다. 그런데 생산성은 높아지지만 농산물 수요는 거의 일정하다. 그래서 요즘 농민들은 집에서 멀어

〈그림 5〉 농업의 축소, 그리고 농업 노동력과 생산량의 관계 추이. 농민과 농지도 모두 줄어들고 있지만 농업 총생산량은 크게 늘고 있다. 2050년이면 지금보다 훨씬 적은 농지에서 더 많은 농산물이 생산될 것이다.

수고롭거나, 척박한 농지에는 농사를 짓지 않는다. 그렇게 줄어든 경작지가 2012년부터 5년 동안 3억 평이 넘은 것이다. 그리고 또 3억 평이 2018년부터 2022년까지 줄어들고 있다.

이렇게 농지가 버려지는 현상은 얼마나 지속될까? 앞서 언급한 통계청과 한국농촌경제연구원의 분석은 기존 기술만 고려한 예측이다. 최근 농업기술의 혁신 추세를 반영하면 농지의 생산성은 더욱 높아질 것이다. 다양한 바이오테크와 결합하여 농업 기술이 강화되면서 생산성이 점점 더 가파르게 향상되고 있기 때문이다. 대표적으로 스마트팜, 식물 공장, 인공육 배양 기술, 유전자 재조합 등이 있다. 이러한 것들은 최소한의 농지에서 보다 많은 농작물을 생산하는 기술이다.

가령 인공육 배양으로 만드는 햄버거는 이미 많은 소비자의 선택을 받고 있다. 버거킹에서는 비욘드미트 사의 식물성 대체육 패티를 넣은 제품을 팔고 있다. 이 햄버거에 쓰는 패티는 기존 농장의 100분의

1 정도의 면적에서 생산된다. 식물 공장도 농지는 100분의 1, 물과 에너지는 10분의 1 정도만 사용해 소비자 바로 근처에서 다양한 채소를 생산한다. 스마트팜 기술은 과도기적 기술로 그나마 전통적인 농업 방식을 상당 부분 유지한다. 그럼에도 스마트팜의 생산성은 기존 농법보다 최소 20~30%에서 수백 % 수준에 이르기까지 향상된다. 이런 기술은 이미 빠르게 확대되고 있으며, 당연히 농지는 적어도 수십 년 동안 더욱 큰 폭으로 줄어들 것이다. 2050년까지 족히 30%, 48만 헥타르(약 14.5억 평) 이상의 농지가 휴경지로 변할 것이 분명하다. 가히 농지의 종말이다.

이 소외되는 농지는 어떻게 될까? 다양한 활용이 가능할 테지만, 그중 바람직한 방안이 바로 전기농사다. 48만 헥타르라면 현재 태양광 모듈의 효율 수준(2평/kw)에서도 600~700GW의 태양광발전 설비를 세우기 충분한 땅이다. 이는 재생에너지 3020 이행 계획에서 목표로 하는 태양광 설비 용량의 15배를 크게 상회하는 수준이며, 2050 탄소중립 목표에도 충분한 입지 규모다.

그런데 현실에는 문제가 있다. 이렇게 농지로 전기를 생산하자고 제안하면 '농업 근본주의'가 등장하고, 식량 안보라는 전가의 보도가 날아든

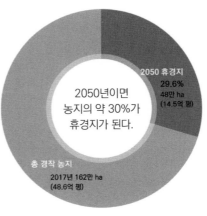

〈그림 6〉 우리나라 경작 농지와 휴경지 면적

다. 우리는 먹는 것의 대부분을 자급하지 못하고 수입한다. 그래서 식량 자급률이 50% 이하이고, 옥수수나 콩처럼 축산에 필요한 사료 작물까지 포함하여 곡물 자급률을 따져보면 25%에도 못 미친다. 그러니 천하의 대본인 농업을 홀대하면 안보가 무너지고, 결국 망국의 지경에 이를 것이란 우려가 온 나라를 흔들 것이다. 이런 주장을 펴는 이들에게 식량 안보는 신성불가침의 영역이다.

하지만 상식과 과학으로 따져볼 일이다. 식량 위기론을 보자면, 세계 농업은 현재의 기술만으로도 200억 명 이상의 인류를 배고프지 않게 하기에 충분한 식량을 생산할 수 있다. 농업 생산성은 농사를 짓기 시작한 만 년 전부터 산업혁명을 거치고 현재에 이르기까지 꾸준하게 향상되었다. 가축을 이용하더니 이앙법, 수경법, 윤작과 이모작을 시작하고 고성능 비료, 강력한 농기계, 지능적인 스마트팜, 혁신적인 바이오테크 등에 더하여 식물 공장과 인공 배양육 기술까지 끊임없는 발전이 이루어지고 있다. 특히 싸고 충분한 에너지로 만드는 질소 비료는 소위 '맬서스의 저주'조차 무력하고 멍청한 넋두리로 만드는 생산성 향상을 이뤄냈다.

그 결과 대부분의 선진국에서는 소수의 농업민들이 적은 농지만으로도 충분한 농산물을 생산한다. 2020년의 우리나라 농지는 전 국토 면적의 대략 18% 내외이며 농업민 수는 전체 인구의 4%가 채 못 된다. 농업민 비율에 비해 농경지 비율이 큰 것은 농업 부문이 다른 산업보다 토지를 많이 차지한다는 의미이다. 그러니 재생에너지 입지를 찾는다면 농업 부문과 논의하는 것이 옳다. 또한 이 농업민들이 짓는 농사는 적절하거나 충분한 양이다. 가끔 수요 예측을 잘못해 농사가 잘되면 가격이 크게 떨어지고 생산량이 부족하면 가격이 급등하지만, 평균적으로는 현재의 농업 생산량이 부족한 것은 아니다. 식량 자급률이 50%에도 못 미치는 현실도 엄밀하게 따져보면 우리 농사 기술과 농업 생산 능력이 부족해서가 아니다. 농사를 짓는 것보다 비교 우위에 있는 다른 상품, 가령 반도체나 자동차, 철강 등을 생산하는 것이 더 유리하기 때문에 '안' 하는 것이다. 반도체를 수출하면 직접 농사를 짓는 것보다 더 많은 식량을 사 올 수 있으니 말이다.

설령 안보에 위협이 될 정도로 식량이 부족해진다 해도, 사실 농업 근본주의자들이 주장하는 만큼 위태로운 일은 아니다. 태양광발전이 설치된 농지는 언제라도 논밭으로 바꿔서 다시 벼와 옥수수, 감자 등을 심을 수 있다. 더구나 태양광발전을 하던 기간 동안 지력이 좋아질 터이니 작물은 더 잘 자랄 것이다. 최소 일 년, 길게 잡아도 수년 정도면 자급하기 충분할 만큼 생산해서 식량 위기도 해소될 것이다. 다만, 더 벌이가 좋은 전기농사를 못하거나 줄이게 되니 전보다 가난하고 불편해질 테지만.

동시에 외부로부터 올지 모르는 위협에 대비하기 위한 식량을 전략적으로 비축하면 된다. 이런 비축 전략은 지금도 시행하는 제도다. 소위 전략적 비축 사업이라고 하는데, 대표적으로 국가가 원유를 대량으로 비축해서 가격이 급등할 때 민간에 공급하는 국가 전략 비축유 공급 등이 있다.

자원과 관련된 안보 위협은 비단 식량만의 문제가 아니라는 점이 중요하다. 식량, 원유, 희토류 등과 관련된 국제 원자재 시장에는 수급 불균형 요인과 국제 정치 요인이 결합하여 국가 안보와 관련된 자원 파동 가능성이 상존한다. 심한 가격 등락, 공급 차단에 의한 실질적인 안보 위협과 같은 상황은 이미 우리도 여러 번 경험한 일이다. 이렇게 국가 경제와 산업의 부양에 전략적으로 중요한 자원에 대해서는 공급 유한성, 지역적 편재, 공급망의 카르텔화 리스크에 대응하고, 인구와 소득의 증가, 신산업 탄생 등에 따른 수요 급증에도 대비해야 한다. 이런 안보 리스크를 완화 혹은 해소하기 위해서 전략 자원을 미리 안정적으로 확보하고 비축하는 것은 중요한 국가 안보 전략이며 그것이 바로 전략 자원 비축이다. 이 제도는 간단하다. 식량이든 원자재든 공급이 안정되었을 때 비축해 두었다가 필요할 때 방출함으로써 수급과 가격의 안정을 도모하고 국가 경제의 안위를 보장하는 것이다.

한마디로, 농업과 에너지가 협력하면 어려움 없이 재생에너지 입지를 확보할 수 있다. 게다가 이것은 에너지만을 위한 것이 아니라 어쩌면 농업에 훨씬 더 필요한 일이다. 다만, 농지를 에너지에 할애하는 방식으로 해서는 안 된다. 에너지를 농업에 포함시키는 방식으로 추진해야 한다. 농지를 재생에너지 발전 입지로 전용하는 방식이 아니라 재생에너지 발전을 농사의 한 가지로 삼자는 것이다. 이는 새로운 발상도 아니다. 처음부터 우리는 풍력발전 단지를 풍력농장(Wind Farm)이라 하고 태양광발전 단지는 솔라팜(Solar Farm)이라 부르고 있었으니, 인류의 집단지성은 이미 재생에너지 발전을 농사라 했던 것이다.

이렇게 재생에너지 발전, 특히 태양광발전을 농사에 포함시키면 전기가 농산물이 되고, 현재 농업 부문에 주어지는 다양한 지원 제도를 활용해 충분한 전기를 아주 값싸게 생산할 수 있다. 농지에서 태양광 발전을 못하게 가로막는 규제도 일거에 해소되어, 가령 농업진흥지구로 규제되는 농지에서도 자유롭게 전기농사를 지을 수 있다. 그렇게 되면 농업은 재생에너지 발전에서 가장 생산성과 경쟁력이 높은 주역이 되어, 농업민의 소득도 비약적으로 높아지고 농촌에 활력을 불어넣을 수 있을 것이다. 또한 이것은 향후 기술 혁신으로 인해 야기될 농업의 토지 자본 매몰 문제를 해결할 유력한 방안이기도 하다.

길고 복잡하게 이야기했지만, 단순하게 정리하자면 재생에너지에 필요한 입지는 충분하고 여유가 있다는 것이다. 입지가 충분하면 당연히 재생에너지가 싸고 충분해진다. 우리는 땅이 좁아 재생에너지를 할 수 있는 여건이 못 된다는 말은 곡해를 넘어 혹세하는 주장이다. 재생에너지 입지에 필요한 것은 다만 정치사회적 결단을 이끄는 리더십이다.

〈후주〉

저자 서문: 오해와 무지 바로잡기

1. "The Biggest Misconceptions People Have About Renewable Energy," *Wall Street Journal*, September 24, 2013, https://www.wsj.com/articles/thebiggest-mis conceptions-people-have-about-renewable-energy-1380066859.

1. 21세기의 재생에너지

1. Sonia Smith, "Wind Power Capacity Has Surpassed Coal in Texas," *Texas Monthly*, December 2, 2017, https://www.texasmonthly.com/energy/wind -power-capacity-surpassed-coal-texas/.

2. Katrin Bennhold, "For First Time Since 1800s, Britain Goes a Day Without Burning Coal for Electricity," *New York Times*, April 21, 2017, https://www. nytimes.com/2017/04/21/world/europe/britain-burning-coal-electricity.html.

3. Anthony Dipaola, "Saudi Arabia Gets Cheapest Bids for Solar Power in Auction," *Bloomberg*, October 3, 2017, https://www.bloomberg.com/news /articles/2017-10-03/saudi-arabia-gets-cheapest-ever-bids-for-solarpower -in-auction.

2. 에너지전환: 불에서 전기로

1. John Aberth, *An Environmental History of the Middle Ages: The Crucible of Nature* (London: Routledge, 2013).

2. The staff of Environmental Decision Making, Science, and Technology, "History of the Energy System," Carnegie Mellon University, accessed November 1, 2017, http://environ.andrew.cmu.edu/m3/s3/01history.shtml.

3. John U. Nef, "An Early Energy Crisis and Its Consequences," *Scientific American*, November 1, 1977, https://nature.berkeley.edu/er100/readings/ Nef_1977.pdf, 140.

4. Nef, "Early Energy Crisis," 142.

5. Peter Brimblecombe, *The Big Smoke: A History of Air Pollution in London Since Medieval Times* (London: Methuen, 1987).

6. Ralph Waldo Emerson, *The Prose Works of Ralph Waldo Emerson, Volume 1*(Boston: James R. Osgood & Company, 1875), 362.

7. Peter A. O'Connor and Cutler J. Cleveland, "U.S. Energy Transitions, 1780–

2010," *Energies 7*, no. 12 (November 2014): 7955–7993, http://www.mdpi.com /1996-1073/7/12/7955/htm.

8. Richard Rhodes, "Energy Transitions: A Curious History"(speech, Stanford University, September 19, 2007), Center for International Security and Cooperation, https://cisac.fsi.stanford.edu/sites/default/files/Rhodes-Energy_Transitions.pdf.

9. Brimblecombe, *Big Smoke*, 30.

10. O'Connor and Cleveland, *Energies 7* (2014), "U.S. Energy Transitions 1780–2010," 7968.

11. O'Connor and Cleveland, "U.S. Energy Transitions," 7968.

12. O'Connor and Cleveland.

13. U.S. Energy Information Administration, "Energy Sources Have Changed Throughout the History of the United States," July 3, 2013, https://www.eia.gov/todayinenergy/detail.php?id=11951.

14. Martin A. Uman, "Why Did Benjamin Franklin Fly the Kite?," in *All About Lightning* (New York: Dover, 1986), http://ira.usf.edu/CAM/exhibit ions/ 1998_12_McCollum/supplemental_didactics/23.Uman1.pdf.

15. "Pearl Street Station," Engineering and Technology History Wiki, last modified November 23, 2017, http://ethw.org/Pearl_Street_Station.

16. Reuben Hull, "Electric Light by Water," *ASCE News*, October 6, 2015, http://news.asce.org/electric-light-by-water/.

17. 전력(Power)은 W 단위로 측정하며 킬로와트(kW), 메가와트(MW) 및 기가와트(GW)로 표시한다. 1GW=1,000MW=1,000,000KW. 예를 들어, 집에 있는 100와트 전구 10개를 모두 켜려면 1kW의 전력이 필요하다. 평균적인 미국 가정은 가전제품, 조명, 에어컨 등에 약 5kW의 전력이 필요하다.

전력량(Electricity)은 사용한 총 전기량으로 킬로와트시(kWh), 메가와트시(MWh) 및 기가와트시(GWh)로 표시한다. 1GWh=1,000MWh=1,000,000kWh. 예를 들어, 100와트 전구 10개를 매일 저녁 4시간 동안 사용하는 가정은 매일 4kWh의 전기를 사용한다. 평균적인 미국인 가정은 가전제품, 조명, 에어컨 등에 연간 10,766kWh의 전기를 사용한다.

18. U.S. Energy Information Administration, "Competition Among Fuels for Power Generation Driven by Changes in Fuel Prices," July 13, 2012, https://www.eia.gov/todayinenergy/detail.php?id=7090.

19. Michelle L. Bell, Devra L. Davis, and Tony Fletcher, "A Retrospective Assessment of Mortality from the London Smog Episode of 1952: The Role of Influenza and Pollution," *Environmental Health Perspectives* 112, no. 1(January

2004): 6–8, https://www.ncbi.nlm.nih.gov/pmc/articles/PMC1241789/.

20. 할인은 시간에 따른 화폐 가치 변화를 고려하여 미래 현금 수익을 현재 가치로 환산하는 것이다. 자본 비용은 프로젝트에 부채와 자기 자본 방식으로 자금을 조달하는 비용이다. 가중 평균 자본 비용(WACC)으로 계산하며, WACC 계산은 부록 A에 설명한다.

21. Dwight D. Eisenhower, "Atoms for Peace" (speech, 470th Plenary Meeting of the United Nations General Assembly, December 8, 1953), available at https://www.iaea.org/about/history/atoms-for-peace-speech.

22. U.S. Department of Energy, *The History of Nuclear Energy*, DOE/NE-0088, https://www.energy.gov/sites/prod/files/The%20History%20of %20 Nuclear%20Energy_0.pdf.

23. IEA Statistics, "Electricity Production from Nuclear Sources (% of Total)," World Bank, 2014, http://data.worldbank.org/indicator/EG.ELC.NUCL.ZS? locations=US.

24. U.S. Department of Energy, *History of Nuclear Energy*.

25. Associated Press, "14-Year Cleanup at Three Mile Island Concludes," *New York Times*, August 15, 1993, http://www.nytimes.com/1993/08/15/us /14-year-cleanup-at-three-mile-island-concludes.html.

26. IEA Statistics, "Electricity Production from Nuclear Sources."

27. Peter Fairley, "Why Don't We Have More Nuclear Power?," *MIT Technology Review*, May 28, 2015, https://www.technologyreview.com /s/537816/why -dont-we-have-more-nuclear-power/.

28. Jim Polson, "More Than Half of America's Nuclear Reactors Are Losing Money," *Bloomberg*, June 14, 2017, https://www.bloomberg.com/news/articles /2017-06-14/half-of-america-s-nuclear-power-plants-seen-as-money-losers.

29. Robert C. Armstrong et al., "The Frontiers of Energy," *Nature Energy 1*, no. 11 (January 2016).

30. IEA Statistics, "Electricity Production from Nuclear Sources."

31. Oliver Kuhn, "Ancient Chinese Drilling," *Recorder* 29, no. 6 (June 20 04), http://csegrecorder.com/articles/view/ancient-chinese-drilling.

32. U.S. Department of Energy, "Fossil Energy Study Guide: Natural Gas," https: //www.energy.gov/sites/prod/files/2017/05/f34/MS_NatGas_Studyguide.pdf.

33. Mark Axford, "Gas Turbine Orders: 1998 Boom, 2001 Bust, 2004 Rebound?," Energy Central, January 22, 2004, http://www.energycentral.com /c/gn/gas-turbine-orders-1998-boom-2001-bust-2004-rebound.

34. Bruce A. Wells and Kris Wells, "Shooters—A 'Fracking' History," American Oil and Gas Historical Society, May 7, 2017, https://aoghs .org/technology /hydraulic-fracturing/.

35. "The Father of Fracking," *Schumpeter* (blog), Economist, August 3, 2013, https://www.economist.com/news/business/21582482-few-business people-have-done-much-change-world-george-mitchell-father.

36. U.S. Energy Information Administration, "Competition Among Fuels."

37. U.S. Energy Information Administration, "Competition Among Fuels."

38. U.S. Energy Information Administration, "Competition Among Fuels."

3. 진격의 재생에너지

1. "2015 Renewable Energy Investments Were Double Fossil Fuel Power Plant Investments," CleanTechnica, March 26, 2016, https://cleantechnica. com/2016/03/26/2015-renewable-energy-investments-were-double-fossil -fuel-power-plant-investments/.

2. Emily Gosden, "Global Renewable Power Capacity Overtakes Coal as 500,000 Solar Panels Installed Every Day," *Telegraph*, October 26, 2016, http://www.telegraph.co.uk/business/2016/10/25/global-renewable- power-capacity-overtakes-coal-as-500000-solar-p/.

3. Bloomberg New Energy Finance, *New Energy Outlook 2017*, last modified June 27, 2017, https://about.bnef.com/new-energy-outlook/.

4. "Some Facts About the Three Gorges Project," Embassy of the People's Republic of China in the United States of America, accessed August 12, 2017, http://www.china-embassy.org/eng/zt/sxgc/t36512.htm.

5. "Hydropower," International Energy Agency, accessed June 17, 2017, https://www.iea.org/topics/renewables/hydropower/.

6. IEA Statistics, "Electricity Production from Hydroelectric Sources (% of Total)," World Bank, 2014, http://data.worldbank.org/indicator/EG.ELC.HYRO.ZS.

7. IEA Statistics, "Electricity Production from Hydroelectric Sources."

8. Dan Drollette, "Energy from the Motion of the Ocean: A Former Surfer Designs a Buoy that Can Convert Wave Motion into Electricity," *Fortune Small Business*, December 15, 2006, http://money.cnn.com/2006/12/14 /magazines /fsb/nextlittlething_wave_power.fsb/index.htm.

9. "Energy Use in Sweden," sweden.se, last modified January 12, 2018, https:

//sweden.se/society/energy-use-in-sweden/.

10. "Bioenergy (Biofuels and Biomass)," Environmental and Energy Study Institute, last modified October 23, 2008, http://www.eesi.org/topics/bioenergy-biofuels-biomass/description.

11. Melissa C. Lott, "The U.S. Now Uses More Corn for Fuel Than for Feed," *Scientific American*, October 7, 2011, https://blogs.scientificamerican.com/plugged-in/the-u-s-now-uses-more-corn-for-fuel-than-for-feed/.

12. Tim Searchinger and Ralph Heimlich, "Avoiding Bioenergy Competition for Food Crops and Land: Creating a Sustainable Food Future, Installment Nine," World Resources Institute, January 29, 2015, http://www.wri.org/publication/avoiding-bioenergy-competition-food-crops-and-land.

13. "Geothermal Power," BP, last modified June 13, 2017, http://www.bp.com/en/global/corporate/energy-economics/statistical-review-of-world energy/renewable-energy/geothermal-power.html.

14. IRENA "Renewable Power Generation Costs in 2017," http://www.irena.org/-/media/Files/IRENA/Agency/Publication/2018/Jan/IRENA_2017_Power_Costs_2018.pdf.

4. 풍력발전

1. Jan Hylleberg et al., "Denmark—Wind Power Hub: Profile of the Danish Wind Industry," Danish Wind Industry Association, 2008, http://www.windpower.org/download/378/profilbrochure_2008pdf.

2. Lester R. Brown, *The Great Transition: Shifting from Fossil Fuels to Solar and Wind Energy* (New York: Norton, 2015), 86.

3. Magdi Ragheb, "Historical Wind Generators Machines," mragheb .com, February 6, 2013, http://mragheb.com/NPRE%20475%20Wind %20Power%20Systems/Historical%20Wind%20Generators%20 Machines.pdf.

4. Dan Ancona and Jim McVeigh, "Wind Turbine—Materials and Manufacturing Fact Sheet," CiteSeerX, August 29, 2001, http://citeseerx.ist.psu.e du/viewdoc/download?doi=10.1.1.464.5842&rep=rep1&type=pdf.

5. 두 배의 풍속 → 2^3 → 8배의 에너지 출력. 예를 들어, 평균 풍속이 20mph인 위치에 있는 풍력터빈은 평균 풍속이 10mph인 위치에 있는 풍력터빈보다 800% 많이 발전한다. 반대로 풍속이 감소하면 발전출력이 크게 감소한다. 예를 들어, 위치가 좋지 않아 풍속이 80%인 풍력터빈은 예상의 51%만 발전한다.

6. Zachary Shahan, "Wind Power Awesomeness," CleanTechnica, October 11, 2013, https://cleantechnica.com/2013/10/11/wind-power-awesomeness/.

7. "New York Wind Energy Guide for Local Decision Makers," New York State Energy Research and Development Authority, accessed June 5, 2017, https://www.nyserda.ny.gov/Researchers-and-Policymakers/Power-Generation/Wind/Large-Wind/New-York-Wind-Energy-Guide -Local-Decision-Makers.

8. U.S. Energy Information Administration, "Table 6.7.B. Capacity Factors for Utility Scale Generators Not Primarily Using Fossil Fuels, January 2013–January 2018," *Electric Power Monthly*, last modified March 23, 2018, https://www.eia.gov/electricity/monthly/epm_table_grapher.php?t=epmt_6_07_b.

9. 발전량 = 정격출력(power rating) × 설비 이용률(capacity factor) × 발전 시간(hours). 이 사례에서 발전량 = 5MW × 35 % × 24 hours/day × 365days /year = 15,330 MWh/year.

10. "Report on Wind Turbine Gearbox and Direct-Drive Systems Out Now," *Offshore Wind*, September 19, 2014, http://www.offshorewind .biz/2014/09/19/report-on-wind-turbine-gearbox-and-direct-drive-systems-out-now/.

11. Lazard, "Levelized Cost of Energy 2017," November 2, 2017, https://www.lazard.com/perspective/levelized-cost-of-energy-2017/.

12. Annie Sneed, "Moore's Law Keeps Going, Defying Expectations," *Scientific American*, May 19, 2015, https://www.scientificamerican.com/article/moore-s-law-keeps-going-defying-expectations/.

13. 1GW = 1,000MW.

14. "Renewables 2017 Global Status Report," REN21, March 13, 2017, http://www.ren21.net/wp-content/uploads/2017/06/17-8399_GSR_2017_Full_Report_0621_Opt.pdf.

15. *Lazard's Levelized Cost of Energy Analysis-Version 10.0*, December 2016, https://www.lazard.com/media/438038/levelized-cost-of-energy-v100.pdf.

16. Ryan Wiser et al., "Expert Elicitation Survey on Future Wind Energy Costs," *Nature Energy* 1, no. 10 (September 12, 2016), https://www .nature.com/articles/nenergy2016135.epdf?author_access_token =xOjt15xAsgbwf-DTbC9umtRgN0jAjWel9jnR3ZoTv0Pm0tc EncNIRUyqt3vi2Zdm55gFQx3FMI mKG0Gh8VsP0wqN8Ae ZekJAOtf6AfxskkGU8raC7OZ5Y_20S7qTMDRvAjSH fuoi9oAte8h 3yQ3nDw%3D%3D.

17. Eric Rosenbloom, "Areas of Industrial Wind Facilities," AWEO.org, last

modified February 17, 2017, http://www.aweo.org/windarea.html.

18. Jennifer Oldham, "Wind Is the New Corn for Struggling Farmers," *Bloomberg*, October 6, 2016, https://www.bloomberg.com/news/articles/2016-10-06/wind-is-the-new-corn-for-struggling-farmers.

19. Gary Schnitkey and the Department of Agricultural and Consumer Economics, University of Illinois, *Revenue and Costs for Corn, Soybeans, Wheat, and Double-Crop Soybeans, Actual for 2011 Through 2016, Projected 2017 and 2018*, February 2018, http://www.farmdoc.illinois.edu/manage/actual_projected_costs.pdf.

20. Oldham, "Wind Is the New Corn."

21. Oldham, "Wind Is the New Corn."

22. Hill Country Wind Power, "Wind Basics," last modified August 30, 2010, http://www.hillcountrywindpower.com/wind-basics.php.

23. Jan Dell and Matthew Klippenstein, "Wind Power Could Blow Past Hydro's Capacity Factor by 2020," *Greentech Media*, February 8, 2017, https://www.greentechmedia.com/articles/read/wind-power-could-blow-past-hydros-capacity-factor-by-2020.

24. John Alessi, "The Battle For Cape Wind: An Analysis of Massachusetts Newspapers and Their Framing of Offshore Wind Energy," p.11. https://www.capewind.org/article/2002/10/03/1003-new-poll-finds-strong-public-support-cape-wind-project.

25. John Leaning, "Cronkite Spins Ad for Foes of Wind Farm," Cape Cod Times, January 30, 2003, last modified January 5, 2011, http://www.capecodtimes.com/article/20030130/NEWS01/301309987.

26. Jason Samenow, "Blowing Hard: The Windiest Time of Year and Other Fun Facts on Wind," Washington Post, updated March 31, 2016, https://www.washingtonpost.com/news/capital-weather-gang/wp/2014/03/26/what-are-the-windiest-states-and-cities-what-is-d-c-s-windiest-month/?utm_term=.4ac52623e129.

27. "Wind in Numbers," Global Wind Energy Council, last modified May 5, 2017, http://www.gwec.net/global-figures/wind-in-numbers/.

5장 태양광발전

1. Jeff Tsao, Nate Lewis, and George Crabtree, "Solar FAQs," Sandia National Laboratories, April 20, 2006, http://www.sandia.gov/~jytsao/Solar%

20FAQs.pdf.

2. LaMar Alexander, *Off the Grid: Simple Solar Homesteading*, (Lulu, 2011), 112.

3. Jeremy Hsu, "Vanguard 1, First Solar-Powered Satellite, Still Flying at 50," Space.com, March 18, 2008, https://www.space.com/5137-solar-powered -satellite-flying-50.html.

4. Megan Geuss, "Japanese Company Develops a Solar Cell with Record Breaking 26%+Efficiency," Ars Technica, March 22, 2017, https://arstechnica. com/science/2017/03/japanese-company-develops-a-solar-cell-with-record -breaking-26-efficiency/.

5. Cost per watt = manufacturing cost / rated output. $600 / 200 watts = $3 per watt.

6. Ran Fu et al., *U.S. Solar Photovoltaic System Cost Benchmark: Q1, 2016*, National Renewable Energy Laboratory, September 28, 2016, https:// www. nrel.gov/docs/fy16osti/66532.pdf.

7. Ramez Naam, "Smaller, Cheaper, Faster: Does Moore's Law Apply to Solar Cells?," *Scientific American*, March 16, 2011, https://blogs.scientificamerican.com /guest-blog/smaller-cheaper-faster-does-moores-law-apply-to-solar-cells/.

8. Chris Martin, "Solar Panels Now So Cheap Manufacturers Probably Selling at Loss," *Bloomberg*, December 30, 2016, https://www.bloomberg.com/ news/articles/2016-12-30/solar-panels-now-so-cheap-manufacturers- probably-selling-at-loss.

9. Geoffrey Carr, "Sunny Uplands," *Economist*, November 21, 2012, https: //www.economist.com/news/21566414-alternative-energy-will-no-longer -be-alternative-sunny-uplands.

10. Edward S. Rubin, Ines M. L. Azevedo, Paulina Jaramillo, and Sonia Yeh, "A Review of Learning Rates for Electricity Supply Technologies," *Energy Policy* 86 (2015), 198.

11. Solar Energy Industries Association, "Solar Photovoltaic Technology — Presentation Transcript," March 15, 2009, http://www.seia.org/research -resources/solar-photovoltaic-technology.

12. U.S. Energy Information Administration, "More Than Half of SmallScale Photovoltaic Generation Comes from Residential Rooftops," June 1, 2017, https://www.eia.gov/todayinenergy/detail.php?id=31452.

13. Solar Energy Industries Association, *Solar Means Business 2016 Report*,

October 19, 2016, http://www2.seia.org/l/139231/2016-10-18/s9lzt.

14. U.S. Energy Information Administration, "Small-Scale Photovoltaic Generation."

15. Renewable Energy Policy Network for the 21st Century, *Renewables 2017 Global Status Report*, March 13, 2017, http://www.ren21.net/wp-content/uploads/2017/06/17-8399_GSR_2017_Full_Report_0621_Opt.pdf.

16. Simon Stevens and Kevin Smith, "Is CSP an Expensive or a Viable Investment?," New Energy Update, April 17, 2015, http://analysis.newenergy update.com/csp-today/markets/csp-expensive-or-viable-investment.

17. Lazard, "Levelized Cost of Energy Analysis 10.0," December 15, 2016, https://www.lazard.com/perspective/levelized-cost-of-energy-analysis-100/.

18. Solar Energy Industries Association, "Solar Industry Research Data," last modified March 16, 2018, http://www.seia.org/research-resources/solar -industry-data.

6장 재생에너지 금융

1. Meredith Fowlie, "The Renewable Energy Auction Revolution," *Energy Institute at Haas* (blog), August 7, 2017, https://energyathaas.wordpress.com /2017/08/07/the-renewable-energy-auction-revolution/.

2. Galen Barbose, *U.S. Renewables Portfolio Standards: 2017 Annual Status Report*, Lawrence Berkeley National Laboratory, July 21, 2017, https://emp. lbl.gov/sites/default/files/2017-annual-rps-summary-report.pdf.

3. United Nations, *United Nations Framework Convention on Climate Change*, May 9, 1992, available at http://unfccc.int/files/essential_back ground/background_publications_htmlpdf/application/pdf/conveng.pdf.

4. Raphael Calel, "Climate Change and Carbon Markets: A Panoramic History," Centre for Climate Change Economics and Policy Working Paper No. 62 and Grantham Research Institute on Climate Change and the Environment Working Paper No. 52, July 12, 2011, http://eprints.lse .ac.uk/37397/1/ Climate_change_and_carbon_markets_a_panoramic_history(author).pdf.

5. Lauraine G. Chestnut and David M. Mills, "A Fresh Look at the Benefits and Costs of the US Acid Rain Program," *Journal of Environmental Management* 77, no. 3 (December 2005): 252-266, https://cfpub .epa.gov/si/si_public_ record_report.cfm?dirEntryID=139587.

6. Institute for Energy Research, "China's Renewable Industry Still Getting CDM-Funded Projects," July 23, 2012, https://instituteforenergyresearch .org /analysis/chinas-renewable-industry-still-getting-cdm-funded-projects/.

7. California Air Resources Board, "Cap-and-Trade Program," CA.gov, last modi fied March 30, 2018, https://www.arb.ca.gov/cc/capandtrade/capandtrade.htm.

8. Debra Kahn, "China Is Preparing to Launch the World's Biggest Carbon Market," *Scientific American*, August 14, 2017, https://www.scientificamerican. com/article/china-is-preparing-to-launch-the-world-rsquo-s-biggest-carbon -market/.

9. Benjamin Esty, Suzie Harris, and Kathy Krueger, "An Overview of the Project Finance Market," Harvard Business School, December 13, 1999, http: //www.austraclear.net/wp-content/uploads/2016/10/Harvard-Business-School-1999-An-Overview-of-the-Project-Finance-Model.pdf.

10. *Lazard's Levelized Cost of Energy Analysis—Version 10.0*, December 2016, https://www.lazard.com/media/438038/levelized-cost-of-energy-v100.pdf.

11. FS-UNEP Collaborating Centre for Climate and Sustainable Energy Finance, "Global Trends in Renewable Energy Investment 2017," January 10, 2017, http://fs-unep-centre.org/sites/default/files/publications/global trendsinrenewableenergyinvestment2017.pdf.

12. FS-UNEP Collaborating Centre, "Global Trends"; "Masdar Achieves Financial Closure of London Array Project," *Gulf News*, October 10, 2013, http://gulfnews.com/business/sectors/investment/masdar-achieves-financial -closure-of-london-array-project-1.1241833.

13. John Pavlus et al., "World Changing Ideas 2010," *Scientific American*, December 15, 2010, https://www.scientificamerican.com/article/world-changing-ideas-dec10/.

14. Herman K. Trabish, "Why Solar Financing Is Moving from Leases to Loans," Utility Dive, August 17, 2015, http://www.utilitydive.com/news/why -solar-financing-is-moving-from-leases-to-loans/403678/.

15. Trabish, "Why Solar Financing Is Moving."

16. Katherine Tweed, "Pay-As-You-Go Transactions in Off-Grid Solar Top $41M in Late 2016," Greentech Media, May 19, 2017, https://www.green techmedia.com/articles/read/off-grid-solar-pay-as-you-go-transactions-top-41m-in-late-2016.

17. Abraham Louw, *Clean Energy Investment Trends, 3Q 2017*, Bloomberg New Energy Finance, October 5, 2017, https://data.bloomberglp.com/bnef/sites/14/2017/10/BNEF-Clean-Energy-Investment-Trends-3Q-2017.pdf.

18. Stefan Nicola and Marc Roca, "Solar Returns Declining as Investor Interest Seen Rising," *Bloomberg*, June 12, 2014, https://www.bloomberg.com/news/articles/2014-06-12/solar-returns-declining-as-investor-interest-seen-rising.

7장 에너지전환의 역사

1. Ben Johnson, "The Great Horse Manure Crisis of 1894," *Historic UK History Magazine*, December 2, 2013, http://www.historic-uk.com/History UK/HistoryofBritain/Great-Horse-Manure-Crisis-of -1894/.

2. Dayville Hay & Grain Inc., "Calorie Requirements for Horses," accessed July 2, 2017, http://www.dayvillesupply.com/hay-and-horse-feed/calorie-needs.html.

3. Brian Groom, "The Wisdom of Horse Manure," *Financial Times*, Sep. 2, 2013, https://www.ft.com/content/238b1038-13bb-11e3-9289-00144feabdc0.

4. "Internal Combustion Engine," New World Encyclopedia, last modified March 4, 2018, http://www.newworldencyclopedia.org/entry/Internal_combustion_engine.

5. *Encyclopaedia Britannica, s.v.* "Karl Benz," last modified March 29, 2018, https://www.britannica.com/biography/Karl-Benz.

6. Martin V. Melosi, "The Automobile and the Environment in American History," Automobile in American Life and Society, University of Michigan-Dearborn, September 9, 2005, http://www.autolife.umd.umich.edu/Environment/E_Overview/E_Overview3.htm.

7. Eric J. Dahl, "Naval Innovation: From Coal to Oil," National Defense University, 2001, http://www.dtic.mil/dtic/tr/fulltext/u2/a524799.pdf.

8. Dahl, "Naval Innovation."

9. Bruce A. Wells, "Petroleum and Sea Power," American Oil and Gas Historical Society, June 9, 2014, http://aoghs.org/petroleum-in-war /petroleum-and-sea-power/.

10. Stacy C. Davis, Susan E. Williams, and Robert G. Boundy, "Energy," in *Transportation Energy Data Book*, 35th ed. (Oak Ridge, Tenn.: Oak Ridge National

Laboratory, 2016), https://info.ornl.gov/sites/publications/Files/Pub69643.pdf.

11. Peter A. O'Connor and Cutler J. Cleveland, "U.S. Energy Transitions, 1780–2010," *Energies 7*, no. 12 (November 2014): 7955–7993, http://www.mdpi.com/1996-1073/7/12/7955/htm.

12. Jonathan M. Harris and Brian Roach, "Energy: The Great Transition," in *Environmental and Natural Resource Economics: A Contemporary Approach*, 4th ed. (Medford, Mass.: Tufts University, 2016), http://www.ase.tufts.edu/gdae/Pubs/te/ENRE/4/Ch11_Energy_4E.pdf.

8장 전기차의 등장

1. Robert L. Bradley Jr., "Electric Vehicles: As in 1896, the Wrong Way to Go," Institute for Energy Research, October 19, 2010, http://instituteforenergyresearch.org/analysis/electric-vehicles-as -in-1896-the-wrong-way-to-go/.

2. Rosenblum Law Firm, "Who Got America's First Speeding Ticket?," New York Speeding Ticket Fines, June 20, 2016, http://newyorkspeedingfines.com/americas-speeding-ticket/.

3. Jim Motavalli, "Porsche's Long-Buried First Vehicle Was an Electric Car, and It Was Built Back in 1898," Mother Nature Network, January 8, 2014, https://www.mnn.com/green-tech/transportation/blogs/porsches-long-buried-first-vehicle-was-an-electric-car-and-it-was.

4. U.S. Department of Energy, www.fueleconomy.gov, "All-Electric Vehicles," https://www.fueleconomy.gov/feg/evtech.shtml.

5. Dan Strohl, "Ford, Edison and the Cheap EV that Almost Was," *Wired*, June 18, 2010, https://www.wired.com/2010/06/henry-ford-thomas-edison-ev/.

6. Martin V. Melosi, "The Automobile and the Environment in American History," Automobile and the Environment in American History, University of Michigan-Dearborn, September 9, 2005, http://www.autolife.umd.umich.edu/Environment/E_Overview/E_Overview3.htm.

7. Bob Casey, "General Motors' EV1," The Henry Ford, June 22, 2015, https://www.thehenryford.org/explore/blog/general-motors-ev1/.

8. Elon Musk, "The Secret Tesla Motors Master Plan (Just Between You and Me)," Tesla, August 2, 2006, https://www.tesla.com/blog/secret-tesla-motors-master-plan-just-between-you-and-me.

9. George E. Blomgren, "The Development and Future of Lithium Ion

Batteries," *Journal of the Electrochemical Society* 164, no. 1(December 2016), http://jes.ecsdl.org/content/164/1/A5019.full.

10. 미국에서 전기차는 소비자가 휘발유 자동차와 연비를 비교할 수 있도록 갤런당 마일(mpg) 단위로 등급을 표시한다.

11. Kim Reynolds, "2008 Tesla Roadster First Drive," *Motor Trend,* January 22, 2008, http://www.motortrend.com/cars/tesla/roadster/2008/2008-tesla -roadster/.

12. "Tesla Roadster Sport vs Model S," TwinRev, accessed July 31, 2017, http://twinrev.com/cars/Tesla-Roadster-Sport-vs-Tesla-Model-S.

13. Christopher DeMorro, "Cost of the Tesla Model E Exaggerated in Flawed Study," CleanTechnica, March 4, 2014, https://cleantechnica.com/2014/03 /04/flawed-study-exaggerates-cost-tesla-model-e/.

14. "Federal Tax Credits for All-Electric and Plug-In Hybrid Vehicles," www.fueleconomy.gov, December 4, 2009, https://www.fueleconomy.gov/ feg/taxevb.shtml.

15. Office of Energy Efficiency and Renewable Energy, "Electric Vehicles: Tax Credits and Other Incentives," September 16, 2015, https://energy.gov /eere/electricvehicles/electric-vehicles-tax-credits-and-other-incentives.

16. International Energy Agency, "Global EV Outlook 2017: Two Million and Counting," June 6, 2017, https://www.iea.org/publications/free publications/ publication/GlobalEVOutlook2017.pdf.

17. Sarah J. Gerssen-Gondelach and Andre P. C. Faaij, "Performance of Batteries for Electric Vehicles on Short and Longer Term," *Journal of Power Sources* 212 (August 2012): 111-129.

18. Christophe Pillot, "Battery Market Development for Consumer Elec tronics, Automotive, and Industrial: Materials Requirements and Trends," Avicenne Energy (presentation, Qinghai EV Rally 2015, Xining, China, June 15-18, 2015), http://www.avem.fr/docs/pdf/AvicenneDiapoXining.pdf.

19. Leslie Shaffer, "JPMorgan Thinks the Electric Vehicle Revolution Will Create a Lot of Losers," CNBC, August 22, 2017, https://www.cnbc.com/2017 /08/22/jpmorgan-thinks-the-electric-vehicle-revolution-will-create-a-lot -of-losers.html.

20. Steven Szakaly and Patrick Manzi, *NADA Data, 2015: Annual Financial Profile of America's Franchised New-Car Dealerships,* December 6, 2016, https:

//www.nada.org/WorkArea/DownloadAsset.aspx?id =21474839497.

21. Rob Wile, "Credit Suisse Gives Point-by-Point Breakdown Why Tesla Is Better than Your Regular Car," *Business Insider*, August 14, 2014, http://www.businessinsider.com/credit-suisse-on-tesla-2014-8.

22. Tibor Blomhall, "Test Drive of a Petrol Car," Tesla Club Sweden, April 22, 2015, http://teslaclubsweden.se/test-drive-of-a-petrol-car/.

23. Thomas Fisher, "Will Tesla Alone Double Global Demand for Its Battery Cells?," Green Car Reports, September 3, 2013, http://www.greencarreports.com/news/1086674_will-tesla-alone-double-global-demand-for-its-battery-cells/page-2.

24. "Battery Cell Production Begins at the Gigafactory," Tesla, January 4, 2017, https://www.tesla.com/blog/battery-cell-production-begins-gigafactory.

25. Fred Lambert "Tesla Is Now Claiming 35% Battery Cost Reduction at Gigafactory 1," Electrek, February 18, 2017, https://electrek.co/2017/02/18/tesla-battery-cost-gigafactory-model-3/.

26. Elon Musk, "The Future We're Building—and Boring" (TED Talk, TED 2017, Vancouver, BC, April 24–28, 2017), https://www.ted.com/talks/elon_musk_the_future_we_re_building_and_boring /transcript.

27. U.S. Department of Energy, "Maps and Data," Alternative Fuels Data Center, last updated March 2018, https://www.afdc.energy.gov/data/categories/vehicles.

28. U.S. Energy Information Administration, "Table 5.6.A. Average Price of Electricity to Ultimate Customers by End-Use Sector," *Electric Power Monthly*, March 23, 2018, https://www.eia.gov/electricity/monthly/epm_table_grapher.php?t=epmt_5_6_a.

29. Idaho National Laboratory, "Comparing Energy Costs per Mile for Electric and Gasoline-Fueled Vehicles," June 25, 2011, https://avt.inl.gov/sites/default/files/pdf/fsev/costs.pdf.

30. "Monthly Plug-In Sales Scorecard," InsideEVs, accessed July 10, 2017, http://insideevs.com/monthly-plug-in-sales-scorecard/.

31. Nikki Gordon-Bloomfield, "95 Percent of All Trips Could Be Made in Electric Cars, Says Study," Green Car Reports, January 13, 2012, http://www.greencarreports.com/news/1071688_95-of-all-trips-could-be-madein-electric-cars-says-study.

32. Lauren Tyler, "Report: Public Charging Remains No. 1 Concern for EV Drivers," *NGT News—Next-Gen Transportation*, July 10, 2017, https://ngtnews.com/report-ev-drivers-still-concerned-public-charging-availability.

33. "Gas Station Industry Statistics," StatisticsBrain, September 3, 2016, https://www.statisticbrain.com/gas-station-statistics/.

34. "Alternative Fueling Station Locator," Alternative Fuels Data Center, accessed July 11, 2017, https://www.afdc.energy.gov/locator/stations/results?fuel=ELEC.

35. Patrick Sisson, "Ford Announces Details of $4.5 Billion Investment in Electric Vehicles," Curbed, January 3, 2017, https://www.curbed.com/2017/1/3/14153954/ford-electric-vehicle-flat-rock-autonomous-car.

9장 패리티(Parity)

1. Kathy Finn, "Solar Leasing Widens the Appeal of Sun Power," *New Orleans Advocate*, September 23, 2014, http://www.theadvocate.com/new_orleans/news/business/article_3c5b46f0-fe07-5eb7-afd7-84ce3ef12d9f.html.

2. Meghan French Dunbar, "SolarCity Is Transforming the Renewable Energy Industry One Rooftop at a Time," *Conscious Company Media*, January 5, 2016, https://consciouscompanymedia.com/the-new-economy/solarcity-is-transforming-the-renewable-energy-industry-one-rooftop-at-a-time/.

3. Elizabeth Bast et al., *Empty Promises: G20 Subsidies to Oil, Gas and Coal Production*, Oil Change International, February 11, 2015, http://priceofoil.org/content/uploads/2015/11/Empty-promises_main-report.2015.pdf.

4. Bast et al., *Empty Promises*.

5. "TrueCapture," NEXTracker, July 6, 2017, https://www.nextracker.com/product-services/truecapture/.

6. Scott Moskowitz, "The Global PV Tracker Landscape 2016: Prices, Forecasts, Market Shares and Vendor Profiles," GTM Research, accessed July 15, 2017, https://www.greentechmedia.com/research/report/theglobal-pv-tracker-landscape-2016.

7. Office of Energy Efficiency and Renewable Energy (EERE), "NextGeneration Wind Technology," February 8, 2018, https://energy.gov /eere/next-generation-wind-technology.

8. EERE, "Next-Generation Wind Technology."

9. Katherine Tweed, "Survey: 76 Percent of Consumers Don't Trust Their Utility," Greentech Media, July 8, 2013, https://www.greentechmedia.com/articles/read/consumer-trust-in-utilities-continues-to-nosedive.

10. Bryan Bollinger and Kenneth Gillingham, "Peer Effects in the Diffusion of Solar Photovoltaic Panels," *Marketing Science* 31, no. 6 (September 2012): 900–912.

11. Sharon O'Malley, "Here Comes the Sun: More Builders Offer Solar Arrays as Option on Homes," Construction Dive, April 27, 2015, http://www.constructiondive.com/news/here-comes-the-sun-more-builders-offer-solar-arrays-as-option-on-homes/391356/.

12. Sophie Vorrath, "One-Quarter of Australian Homes Now Have Solar," *pv magazine*, July 6, 2017, https://www.pv-magazine.com/2017/07/06/one-quarter-of-australian-homes-now-have-solar/.

13. Daniel Silkstone, "The Suburbs Where Renewables Rule(Is Yours on the List?)," ARENA Wire, September 1, 2017, https://arena.gov.au/blog/climatecouncil/.

14. Solar Energy Industries Association, *Solar Market Insight Report*, 2016 Q3, September 12, 2016, https://www.seia.org/research-resources /solar-market-insight-report-2016-q3.

15. Chris Baraniuk, "Why Apple and Google Are Moving into Solar Energy," *BBC Future*, October 14, 2016, http://www.bbc.com/future /story/2016 1013-why-apple-and-google-are-going-solar.

16. Doug McMillon, "Walmart Offers New Vision for the Company's Role in Society," Walmart, November 4, 2016, http://news.walmart.com /2016 /11/04/walmart-offers-new-vision-for-the-companys-role-in -society.

17. Lester R. Brown, *The Great Transition: Shifting from Fossil Fuels to Solar and Wind Energy* (New York: Norton, 2015), 145.

18. Chris Martin, "U.S. Solar Surged 95 Percent to Become Largest Source of New Energy," *Bloomberg*, February 15, 2017, https://www.bloomberg.com/news/articles/2017-02-15/u-s-solar-surged-95-to-become-largest-source-of-new-energy.

19. U.S. Energy Information Administration, "Renewable Generation Capacity Expected to Account for Most 2016 Capacity Additions," January 10, 2017, https://www.eia.gov/todayinenergy/detail.php?id=29492.

20. Michael Safi, "Indian Solar Power Prices Hit Record Low, Undercutting Fossil Fuels," *Guardian*, May 10, 2017, https://www.theguardian.com/envi ronment/2017/may/10/indian-solar-power-prices-hit-record-low-under cutting-fossil-fuels.

21. Saurabh Mahapatra, "New Low Solar Price Record Set in Chile—2.91₡ Per kWh!," CleanTechnica, August 18, 2016, https://cleantechnica.com/2016 /08/18/new-low-solar-price-record-set-chile-2-91%C2%A2-per-kwh/.

22. Saurabh Mahapatra, "JinkoSolar, Marubeni Score Lowest-Ever Solar PV Bid at 2.42₡/kWh in Abu Dhabi," CleanTechies, September 20, 2016, 1869. Parity http://cleantechies.com/2016/09/20/jinkosolar-marubeni-score-lo west-ever-solar-pv-at-us%C2%A22-42kwh-in-abu-dhabi/.

23. Jason Deign, "India's Record-Low Wind and Solar Prices May Not Be Sust ainable," Greentech Media, September 25, 2017, https://www .greentechmedia. com/articles/read/indias-renewable-energy-auctions-may-not-be-sustainable.

24. Office of Energy Efficiency and Renewable Energy, "Next-Generation Wind Technology," February 8, 2018, https://energy.gov/eere/next-genera tion-wind-technology.

25. Brown, *The Great Transition*, 94.

26. Berkshire Hathaway Energy, "Renewables," April 14, 2016, https:// www.berkshirehathawayenergyco.com/environment/renewables.

27. Evelyn Cheng, "Warren Buffet Says He's Got a 'Big Appetite' for a Solar or Wind Project," *CNBC*, May 6, 2017, https://www.cnbc.com/2017/05/06/warren -buffett-says-hes-got-a-big-appetite-for-a-solar-or-windproject.html.

28. Jess Shankleman, "BlackRock Busts $1Billion Green Power Goal with Second Fund," *Bloomberg*, July 5, 2017, https://www.bloomberg.com/news/articles/2017 -07-05/blackrock-busts-1-billion-green-power-goal-withsecond-fund.

29. Bloomberg New Energy Finance, *Clean Energy Investment—3Q 2017 Trends*, October 5, 2017, https://about.bnef.com/blog/clean-energy-inves tment-3q-2017-trends/.

30. International Energy Agency, "Global Energy Investment Fell for a Second Year in 2016 as Oil and Gas Spending Continues to Drop," July 11, 2017, https: //www.iea.org/newsroom/news/2017/july/global-energyinvestment-fell- for-a-second-year-in-2016-as-oil-and-gas-spending-c.html.

31. Neil Winton, "Electric Car Price Parity Expected Next Year—Report,"

Forbes, May 22, 2017, https://www.forbes.com/sites/neilwinton/2017/05/22/electric-car-price-parity-expected-next-year-report/#712796a47922.

32. Jess Shankleman, "Pretty Soon Electric Cars Will Cost Less than Gasoline," *Bloomberg*, May 26, 2017, https://www.bloomberg.com/news /articles/2017-05-26/electric-cars-seen-cheaper-than-gasoline-models-within-a-deca de; Fred Lambert, "Automakers Need to Brace for the Impact of 1 Billion El ectric Vehicles," Electrek, September 5, 2017, https://electrek.co/2017/09/05/automakers-1-billion-electric-vehicles/.

33. KBB.com editors, "Class of 2017: New Cars Ready to Roll," Kelley Blue Book, November 10, 2016, https://www.kbb.com/car-news/all-the -latest/class-of-2017-new-cars-ready-to-roll/2100000298/.

34. Robert Rapier, "U.S. Electric Vehicle Sales Soared in 2016," *Forbes*, February 5, 2017, https://www.forbes.com/sites/rrapier/2017/02/05/u-s-electric-vehicle-sales-soared-in-2016/#75c9ba0c217f.

35. Don Sherman, "How a Car Is Made: Every Step from Invention to Launch," *Car and Driver*, November 18, 2015, https://blog.caranddriver.com/how-a -car-is-made-every-step-from-invention-to-launch/.

36. "Volvo Cars to Go All Electric," Volvo Car Group Global Newsroom, July 5, 2017, https://www.media.volvocars.com/global/en-gb/media/press releases/210058/volvo-cars-to-go-all-electric.

37. Darrell Etherington, "Volkswagen to Offer Electric Versions of All of Its Vehicles by 2030," TechCrunch, https://techcrunch.com/2017/09/11/volks wagen-to-offer-electric-versions-of-all-of-its-vehicles-by-2030/.

38. Peter Valdes-Dapena, "GM: The Future Is All-Electric," *CNN Money*, October 2, 2017, http://money.cnn.com/2017/10/02/technology/gm-elect ric-cars/index.html.

39. Truman Lewis, "Consumer Attitudes Towards Electric Cars Growing More Positive, Survey Finds," *Consumer Affairs*, September 19, 2016, https://www.consumeraffairs.com/news/consumer-attitudes-towards-electric-cars-growing-more-positive-survey-finds-091916.html.

40. "2018 Nissan LEAF S Specs," Nissan USA, last updated February 1, 2018, http://prods.nissanusa.com/electric-cars/leaf/versions-specs/version.sl.html.

41. Michael Sivak & Brandon Schoettle, "Relative Costs of Driving Electric and Gasoline Vehicles in the Individual U.S. States," The University of Michi

gan, January 2018, http://umich.edu/~umtriswt/PDF/SWT-2018-1.pdf.

42. Leslie Shaffer, CNBC, "Electric Vehicles Will Soon Be Cheaper Than Regular Cars Because Maintenance Costs Are Lower, Says Tony Seba," June 14, 2016. https://www.cnbc.com/2016/06/14/electric-vehicles-will-soon-be-cheaper-than-regular-cars-because-maintenance-costs-are-lower-says-tony-seba.html.

43. Charles Fleming, "How Will I Charge My Electric Vehicle? And Where? And How Much Will It Cost?," *LA Times*, September 26, 2016, http://www.latimes.com/business/autos/la-fi-hy-agenda-ev-charging-20160920-snap-story.html.

44. "Plan to Create Electric Bus Fleet for Delhi," Hindu, November 19, 2017, http://www.thehindu.com/news/cities/Delhi/plan-to-create-electric-bus-fleet-for-delhi/article20554969.ece.

45. Nicolas Zart, "100% Electric Bus Fleet for Shenzhen (Population 11.9 Million) by End of 2017," CleanTechnica, November 12, 2017, https://cleantechnica.com/2017/11/12/100-electric-bus-fleet-shenzhen-pop-11-9-million-end-2017/.

46. Judah Aber, "Electric Bus Analysis for New York City Transit," Columbia University, May 31, 2016, http://www.columbia.edu/~ja3041/Electric%20Bus%20Analysis%20for%20NYC%20Transit%20by%20J%20Aber%20Columbia%20University%20-%20May%202016.pdf.

47. MTA, "MTA Tests Electric Buses for Use on NY Streets," April 26, 2017, http://www.mta.info/news-nyct-bus/2017/04/26/mta-tests-electric-buses-use-ny-streets.

48. Bill Chappell, "Tesla Unveils Its Electric 'Semi' Truck, and Adds a Roadster," NPR, November 17, 2017, https://www.npr.org/sections/thetwo-way/2017/11/17/564777998/tesla-unveils-its-electric-semi-truck-and-adds-a-roadster.

49. Bernd Heid et al., "What's Sparking Electric-Vehicle Adoption in the Truck Industry?," McKinsey & Company, September 26, 2017, https://www.mckinsey.com/industries/automotive-and-assembly/our-insights/whats-sparking-electric-vehicle-adoption-in-the-truck-industry.

50. Daimler, "The Mercedes-Benz Electric Truck," September 21, 2016, https://www.daimler.com/products/trucks/mercedes-benz/world-premiere-mercedes-benz-electric-truck.html.

51. Alex Crippen, "Warren Buffett Invests in Chinese Company Developing 'Green' Cars," *CNBC*, September 27, 2008, https://www.cnbc.com/id/26916857.

52. Katie Fehrenbacher, "Electric Cars in China Are on Track for a Record Year," Greentech Media, October 20, 2017, https://www.greentechmedia. com/articles/read/electric-cars-in-china-are-on-track-for-a-record-year #gs.DBXTgho.

53. Sherisse Pham, "This Buffett-Backed Chinese Stock Is Up 55% in a Month," *CNN Money*, October 11, 2017, http://money.cnn.com/2017/10/11 /investing/byd-warren-buffett-china-electric-cars/index.html.

10장 융합(Convergence)

1. California ISO, "Fast Facts," October 22, 2013, https://www.caiso.com /Documents/FlexibleResourcesHelpRenewables_FastFacts.pdf.

2. Sandia National Laboratories, "DOE Global Energy Storage Database," February 14, 2012, http://www.energystorageexchange.org/.

3. "Packing Some Power," Economist, March 3, 2012, http://www.econo mist.com/node/21548495?frsc=dg%7Ca.

4. *Lazard's Levelized Cost of Storage—Version 2.0*, December 15, 2016, https: //www.lazard.com/media/438042/lazard-levelized-cost-of-storage-v20.pdf.

5. *Lazard's Levelized Cost of Storage.*

6. Tamra Johnson, "Americans Spend an Average of 17,600 Minutes Driving Each Year," AAA, September 8, 2016, http://newsroom.aaa.com/2016/09/ americans-spend-average-17600-minutes-driving-year/.

7. Jess Shankleman, "Parked Electric Cars Earn $1,530 from Europe's Power Grids," *Bloomberg*, August 11, 2017, https://www.bloomberg.com/news/articles/ 2017-08-11/parked-electric-cars-earn-1-530-feeding-power-grids-in-europe.

8. Peter Campbell, "Electric Car Drivers to Sell Power Back to National Grid," *Financial Times*, May 10, 2016, https://www.ft.com/content /7e75b 7d2-169c-11e6-b197-a4af20d5575e.

9. Stanley Reed, "Dutch Utility Bets Its Future on an Unusual Strategy: Selling Less Power," *New York Times*, August 18, 2017, https://www.nytimes.com/2017/08/18 /business/energy-environment/eneco-netherlands-electricity-utility.html?_r=0.

10. Dom Galeon and Peter Caughill, "Soon, Tesla Cars Could Power the Grid (and Our Homes)," Futurism, last updated November 29, 2016, https:// futurism.com/soon-tesla-cars-could-power-the-grid-and-our-homes/.

11. James Ayre, "Vehicle-to-Grid Discharge, Even at Constant Power, Is

Detrimental to EV Battery Performance, Study Finds," CleanTechnica, May 16, 2017, https://cleantechnica.com/2017/05/16/vehicle-grid-discharge-even-constant-power-detrimental-ev-battery-performance-study-finds/.

12. Kotub Uddin et al., "On the Possibility of Extending the Lifetime of Lithium-Ion Batteries Through Optimal V 2 G Facilitated by an Integrated Vehicle and Smart-Grid System," *Energy* 133 (August 2017): 710–722, http:// www.science direct.com/science/article/pii/S0360544217306825?via%3Dihub#!.

13. National Renewable Energy Laboratory, "Connecting Electric Vehicles to the Grid for Greater Infrastructure Resilience," April 20, 2017, https:// www.nrel.gov/news/program/2017/connecting-electric-vehicles-to-the-grid-for-greater-infrastructure-resilience.html.

14. Geoffrey Heal, "What Would It Take to Reduce U.S. Greenhouse Gas Emissions 80 Percent by 2050?," *Review of Environmental Economics and Policy* 11, no. 2 (Summer 2017): 319–335, https://geoffreyheal.files.wordpress.com/2017/08/reep-published.pdf.

15. Fred Lambert, "GM Announces Completed Production of 130 Autono mous Chevy Bolt EVs," Electrek, June 13, 2017, https://electrek.co/2017/06/13/gm-self-driving-chevy-bolt-ev/.

16. Anna Hirtenstein, "Move Over Tesla, Europe's Building Its Own Battery Giga factories," *Bloomberg*, May 22, 2017, https://www.bloomberg.com/news/articles/2017-05-22/move-over-tesla-europe-s-building-its-own-battery-gigafactories.

17. Jason Deign, "10 Battery Gigafactories Are Now in the Works. And Elon Musk May Add 4 More," Greentech Media, June 29, 2017, https://www.green techmedia.com/articles/read/10-battery-gigafactories-are-now-in-progr ess-and-musk-may-add-4-more?utm_source=Daily&utm_medium=Newsl etter&utm_campaign=GTMDaily.

18. Peter Maloney, "California PUC Finalizes New 500 MW BTM Battery Stor age Mandate," Utility Dive, May 4, 2017, https://www.utilitydive.com/ news/ca lifornia-puc-finalizes-new-500-mw-btm-battery-storage-mandate/441901/.

19. Adam Vaughan, "Is There Enough Electricity? National Grid Reacts to Fossil-Fuel Vehicle Ban," *Guardian*, July 26, 2017, https://www.theguardian.com/business/2017/jul/26/national-grid-fossil-fuel-vehicle-ban-electric-cars-is-there-enough-electricity-.

20. Tam Hunt, "Is There Enough Lithium to Maintain the Growth of the

Lithium-Ion Battery Market?," Greentech Media, June 2, 2015, https://www.greentechmedia.com/articles/read/is-there-enough-lithium-to-maintain-the-growth-of-the-lithium-ion-battery-m#gs.C3WeAfo.

21. Hunt, "Is There Enough Lithium?"

22. Amory Lovins, "Clean Energy and Rare Earths: Why Not to Worry," *Bulletin of the Atomic Scientists*, May 23, 2017, https://thebulletin.org/clean-energy-and-rare-earths-why-not-worry10785.

23. Richard Martin, "In Texas Oil Country, Wind Is Straining the Grid," MIT Technology Review, August 6, 2016, https://www.technologyreview.com/s/602112/in-texas-oil-country-wind-is-straining-the-grid/.

24. Benjamin Wehrmann, "The Energiewende's Booming Flagship Braces for Stormy Times," Clean Energy Wire, June 14, 2017, https://www.cleanenergywire.org/dossiers/onshore-wind-power-germany.

25. Jason Deign, "China Faces an Uphill Renewable Energy Curtailment Challenge," Greentech Media, November 17, 2017, https://www.greentechmedia.com/articles/read/china-faces-uphill-renewable-energy-curtailment-challenge#gs.NM3xtKM.

26. "Gas Station Industry Statistics," StatisticsBrain, September 3, 2016, https://www.statisticbrain.com/gas-station-statistics/.

27. Fred Lambert, "US Has Now ~16,000 Public Electric Vehicle Charging Stations with ~43,000 Connectors," Electrek, June 19, 2017, https://electrek.co/2017/06/19/us-electric-vehicle-charging-stations/.

28. Bloomberg New Energy Finance, *New Energy Outlook 2017*, June 15, 2017, https://about.bnef.com/new-energy-outlook/.

29. Bloomberg New Energy Finance, *Clean Energy Investment—3Q 2017 Trends*, October 5, 2017, https://about.bnef.com/blog/clean-energy-investment-3q-2017-trends/.

30. Giles Parkinson, "South Australia Already at 57% Wind and Solar in 2016/17," RenewEconomy, June 6, 2017, http://reneweconomy.com.au /south-australia-already-57-wind-solar-201617/.

31. Johnny Lieu, "Elon Musk Makes a Bet to Fix a State's Energy Woes in 100 Days, or It's Free," Mashable, March 10, 2017, http://mashable.com/2017/03/10/elon-musk-powerwall-australia/#ECTLgMPBV5qZ.

11장 결과

1. World Bank, "Access to Electricity(% of Population) 1990–2014," November 6, 2017, https://data.worldbank.org/indicator/EG.ELC.COAL.ZS?locations=CN-IN.

2. Beth Mole, "Delhi Becomes 'Gas Chamber' as Air Pollution Reaches Ludicrous Levels," Ars Technica, November 9, 2017, https://arstechnica.com/science/2017/11/off-the-charts-pollution-in-delhi-creates-gas-chamber-and-health-emergency/.

3. Bloomberg News with assistance by Feifei Shen, "Renewables Dominate China's New Capacity as Coal's Role Slips," *Bloomberg*, July 21, 2017, https://www.bloomberg.com/news/articles/2017-07-21/renewables-dominate-china-s-new-capacity-as-coal-s-role-slips.

4. SolarInsure, "Top 5 Largest Solar Power Plants of the World," last updated June 27, 2017, https://www.solarinsure.com/largest-solar-power-plants.

5. Andrew J. Stanley, Adam Sieminski, and Sarah Ladislaw, "China's Net Oil Import Problem," Center for Strategic & International Studies, April 10, 2017, https://www.csis.org/analysis/energy-fact-opinion-chinas-net-oil-import-problem.

6. Sanjeev Choudhary, "India's Dependence on Crude Oil Imports on Rise as Consumption Increases," *Economic Times*, April 22, 2016, https://economictimes.indiatimes.com/industry/energy/oil-gas/indias-dependence-on-crude-oil-imports-on-rise-as-consumption-increases/articleshow/51934359.cms.

7. Ed Crooks, "The Global Importance of China's Oil Imports," *Financial Times*, September 25, 2017, https://www.ft.com/content /e7d52260-a1e4-11e7-b797-b61809486fe2.

8. Paul Hockenos, "With Norway in Lead, Europe Set for Surge in Electric Vehicles," *Yale Environment 360*, February 6, 2017, http://e360.yale.edu/features/with-norway-in-the-lead-europe-set-for-breakout-on-electric-vehicles.

9. International Energy Agency, "Global EV Outlook 2017: Two Million and Counting," June 6, 2017, https://www.iea.org/publications/freepublications/publication/GlobalEVOutlook2017.pdf.

10. "Global Plug-in Sales for Q1-2018," http://www.ev-volumes.com/.

11. "China to Build More Charging Points for Electric Vehicles," *China Daily*, February 10, 2017, http://www.chinadaily.com.cn/business/motoring/2017-02/10/content_28160372.htm.

12. Michael J. Coren, "China Is Selling More Electric Vehicles than the US

—and It's Not Even Close," *Quartz*, May 3, 2017, https://qz.com /972897/chi na-is-selling-more-electric-vehicles-than-the-us-and-its-not-even-close/.

13. Jackie Wattles, "India to Sell Only Electric Cars by 2030, CNN Money, June 3, 2017, http://money.cnn.com/2017/06/03/technology/future/india -electric-cars/index.html.

14. "China Moves Towards Banning the Internal Combustion Engine," *Economist*, September 14, 2017, https://www.economist.com/news /busin ess/21728980-its-government-developing-plan-phase-out-vehicles-powe red-fossil-fuels-china-moves.

15. Charles Clover, "Subsidies Help China Sell the Most Electric Cars," *Financial Times*, October 23, 2017, https://www.ft.com/content/18afe28e-a 1d2-11e7-8d56-98a09be71849.

16. "World's 10 Largest Auto Markets," *CNBC*, September 12, 2011, https:// www.cnbc.com/2011/09/12/Worlds-10-Largest-Auto-Markets .html?page=11.

17. Phil LeBeau, "General Motors to Ramp Up Electric Vehicle Plans, 20 New Models Planned over Next 6 Years," *CNBC*, October 2, 2017, https:// www.cnbc.com/2017/10/02/gm-to-ramp-up-electric-vehicle-plans-with-20-models-over-next-6-years.html.

18. Dana Varinsky, "Nearly Half of US Coal Is Produced by Companies that Have Declared Bankruptcy—and Trump Won't Fix That," *Business Insider*, December 9, 2016, http://www.businessinsider.com/us-coal-bankruptcy-trump-2016-12.

19. Kiran Stacey, "European Utilities Slash Asset Valuations," Financial Times, May 22, 2016, https://www.ft.com/content/5b2dd030-1e93-11e6-b286-cddde55ca122.

20. "A World Turned Upside Down," *Economist*, February 25, 2017, https: //www.economist.com/news/briefing/21717365-wind-and-solar-energya re-disrupting-century-old-model-providing-electricity-what-will.

21. Guy Chazan, "RWE Posts €5.7bn Loss and Scraps Dividend," *Financial Times*, February 22, 2017, https://www.ft.com/content/4513da52-f8d0-11 e6-9516-2d969e0d3b65?mhq5j=e2.

22. Anjli Raval and Andrew Ward, "Saudi Aramco Plans for a Life After Oil," *Financial Times*, December 10, 2017, https://www.ft.com/content/e46162 ca-d9a6-11e7-a039-c64b1c09b482.

23. Clifford Krauss, "Norway's Wealth Fund Considers Divesting from Oil

Shares," *New York Times*, November 16, 2017, https://www.nytimes.com/2017/11/16/business/energy-environment/norway-fund-oil.html.

24. Nadja Popovich, "Today's Energy Jobs Are in Solar, Not Coal," *New York Times*, April 25, 2017, https://www.nytimes.com/interactive/2017/04/25/climate/todays-energy-jobs-are-in-solar-not-coal.html.

25. Environmental Defense Fund, "Now Hiring: The Growth of America's Clean Energy & Sustainability Jobs," January 24, 2017, http:// edfclimateco rps.org/sites/edfclimatecorps.org/files/the_growth_of_americas_clean_en ergy_and_sustainability_jobs.pdf.

26. Reuters Staff, "China to Plow $361 Billion into Renewable Fuel by 2020," *Reuters*, January 4, 2017, https://www.reuters.com/article/us -china-energy-renewables/china-to-plow-361-billion-into-renewable-fuel-by-2020-idU SKBN14P06P?platform=hootsuite.

27. International Renewable Energy Agency, "Turning to Renewables: Climate-Safe Energy Solutions," November 17, 2017, http://www.irena.org /-/media/Files/IRENA/Agency/Publication/2017/Nov/IRENA_Turning_to_ renewables_2017.pdf.

28. Jennifer Granholm, "Transcript of Gov. Granholm's State of the State," *MLive*, February 3, 2009, http://www.mlive.com/politics/index .ssf/2009/0 2/live_video_gov_granholms_state.html.

29. Center for Health and the Global Environment, Harvard Medical School, *Min ing Coal, Mounting Costs: The Life Cycle Consequences of Coal*, January 15, 2011, https://chge.hsph.harvard.edu/files/chge/files /MiningCoalMountingCosts.pdf.

30. Center for Health and the Global Environment, *Mining Coal, Mounting Costs*.

31. Paul R. Epstein et al., "Full Cost Accounting for the Life Cycle of Coal," *Ecological Economics Reviews* 1219, no. 1 (February 2011): 73–98, http:// onlinelibrary.wiley.com/doi/10.1111/j.1749-6632.2010.05890.x/full.

32. Dana Loomis et al., "The Carcinogenicity of Outdoor Air Pollution," *Lancet Oncology* 14, no. 13 (December 2013): 1262–1263, http://www.thel ancet.com/journals/lanonc/article/PIIS1470-2045(13)70487-X/fulltext.

33. Environmental Health and Engineering Inc., *Emissions of Hazardous Air Pollutants from Coal-Fired Power Plants*, Chicago State University Calu met Environmental Resource Center, March 7, 2011, https://www.csu.edu/ cerc/researchreports/documents/EmissionsOfHazardousAirPollutantsFro

mCoal-FiredPowerPlants2011.pdf.

34. American Lung Association, "Health Risks of Particle Pollution," April 2017, http://www.lung.org/local-content/california/documents /particle-pollution-fact-sheet-2017.pdf.

35. World Bank and Institute for Health Metrics and Evaluation (IHME), *The Cost of Air Pollution: Strengthening the Economic Case for Action*, World Bank Group Open Knowledge Repository, 2016, https://openknowledge.worldbank. org/bitstream/handle/10986/25013/108141.pdf?sequence=4&isAllowed=y.

36. World Bank and IHME, *Cost of Air Pollution*.

37. Douglas W. Dockery et al., *Effect of Air Pollution Control on Mortality and Hospital Admissions in Ireland*, Health Effects Institute Report no. 176, July 27, 2013, https://www.healtheffects.org/system/files/Dockery-176.pdf.

38. Scripps Institution of Oceanography, "The Keeling Curve," last updat ed April 5, 2018, https://scripps.ucsd.edu/programs/keelingcurve/.

39. Intergovernmental Panel on Climate Change, "Summary for Policy makers," November 2, 2014, http://ar5-syr.ipcc.ch/topic_summary.php.

40. Josh Gabbatiss, "Worst-Case Global Warming Predictions Are the Most Accurate, Say Climate Experts," *Independent*, December 6, 2017, http://www.independent.co.uk/environment/global-warming-temperature-rise-climate-change-end-century-science-a8095591.html.

41. International Energy Agency, *Energy and Climate Change: World Energy Outlook Special Report*, June 15, 2015, https://www.iea.org/publications /freepu blications/publication/WEO2015SpecialReportonEnergyandClimateChange.pdf.

42. International Renewable Energy Agency, "Turning to Renewables."

43. International Renewable Energy Agency, "Turning to Renewables."

44. International Renewable Energy Agency, "Turning to Renewables."

45. Peter Applebome, "They Used to Say Whale Oil Was Indispensable, Too," *New York Times*, August 3, 2008, http://www.nytimes.com/2008/08/03/nyregion/03towns.html.

46. Derek Thompson, "The Spectacular Rise and Fall of U.S. Whaling: An Innovation Story," *Atlantic*, February 22, 2012, https://www.theatlantic.com /business/archive/2012/02/the-spectacular-rise-and-fall-of-us-whaling-an-innovation-story/253355/.

47. Thompson, "Spectacular Rise and Fall."

48. New Bedford Whaling Museum, "Timeline: 1602 to Present," November 7, 2013, https://www.whalingmuseum.org/learn/research-topics/timeline-1602-to-present.

49. Applebome, "Whale Oil."

50. William Finnegan, "Is Donald Trump Already Forsaking Coal Country?," *New Yorker*, July 18, 2017, https://www.newyorker.com/news/daily-comm ent/is-donald-trump-already-forsaking-coal-country.

51. Taylor Kuykendall and Ashleigh Cotting, "Companies Recently Filing Bank ruptcy Produce More than 2/3 of PRB Coal," SNL Interactive, April 13, 2016, https://www.snl.com/InteractiveX/Article.aspx?cdid=A-36118340-12086.

52. Javier Blas, "Remember Peak Oil? Demand May Top Out Before Supply Does," *Bloomberg Businessweek*, July 11, 2017, https://www.bloomberg.com /news/articles/2017-07-11/remember-peak-oil-demand-may-top-out-be fore-supply-does.

53. BP, *BP Energy Outlook: 2018 Edition*, February 20, 2018, https://www .bp.com/content/dam/bp/en/corporate/pdf/energy-economics/energy-o utlook/bp-energy-outlook-2018.pdf.

54. Institute for Energy Economics and Financial Analysis, "IEEFA Report: Winners and Losers Among Big Utilities as Renewables Disrupt Markets Acr oss Asia, Europe, the U.S., and Africa," October 4, 2017, http://ieefa.org/ie efa-report-winners-losers-global-electricity-market-renewables-disrupt-markets-across-asia-europe-u-s-africa/.

55. Institute for Energy Economics and Financial Analysis, "IEEFA Report."

56. Pilita Clark, "Kingdom Built on Oil Foresees Fossil Fuel Phase-Out This Century," *Financial Times*, May 21, 2015, https://www.ft.com/content /89260b8a-ffd4-11e4-bc30-00144feabdc0.

57. Rania El Gamal, Reem Shamseddine, and Katie Paul, "Saudi Arabia Pus hes Ahead with Renewable Drive to Diversify Energy Mix," *Reuters*, April 17, 2017, https://www.reuters.com/article/saudi-renewable/saudi-arabia-push es-ahead-with-renewable-drive-to-diversify-energy-mix-idUSL8N1HP10B.

12장 꾸물거릴 때가 아니다

1. Carbon Brief, "Analysis: Global CO2 Emissions Set to Rise 2% in 2017 After Three-Year Plateau," https://www.carbonbrief.org/analysis-global-co 2-emissions-set-to-rise-2-percent-in-2017-following-three-year-plateau.

2. Scripps Institution of Oceanography, "The Keeling Curve," last updated June 28, 2018, https://scripps.ucsd.edu/programs/keelingcurve/.

3. Intergovernmental Panel on Climate Change, "Summary for Policy makers," November 2, 2014, http://ar5-syr.ipcc.ch/topic_summary.php.

4. Eric Morris, "From Horse Power to Horsepower," *Access* 30 (Spring 2007): 2–9.

5. Jack Perkowski, "China and the U.S. Supercharge the Growing Global Electric Vehicle Industry," *Forbes*, February 28, 2017, https://www.forbes.com/sites/jackperkowski/2017/02/28/china-and-the-u-s-supercharge-the-growing-global-electric-vehicle-industry/#288da92b2454.

6. Nikolas Soulopoulos, "When Will Electric Vehicles Be Cheaper than Conventional Vehicles?," Bloomberg New Energy Finance, http://www.automotivebusiness.com.br/abinteligencia/pdf/EV-Price-Parity-Report.pdf.

7. "Chevy Bolt Battery Cell Cost," Inside EVs, accessed January 10, 2018, https://insideevs.com/wp-content/uploads/2015/10/bolt-battery-cost-lg-chem.jpg.

8. Soulopoulos, "Electric Vehicles."

9. Henry Fountain and Derek Watkins, "As Greenland Melts, Where's the Water Going?," *New York Times*, December 5, 2017, https://www.nytimes.com/interactive/2017/12/05/climate/greenland-ice-melting.html?_r=0.

10. Richard Z. Poore, Richard S. Williams Jr., and Christopher Tracey, "Sea Level and Climate," U.S. Geological Survey, last modified November 29, 2016, https://pubs.usgs.gov/fs/fs2-00/.

11. Poore, Williams, and Tracey, "Sea Level and Climate."

12. Joby Warrick and Chris Mooney, "Effects of Climate Change 'Irreversible,' U.N. Panel Warns in Report," *Washington Post*, November 2, 2014, https://www.washingtonpost.com/national/health-science/effects-of-climate-change-irreversible-un-panel-warns-in-report/2014/11/01/2d49aeec-6142-11e4-8b9e-2ccdac31a031_story.html?utm_term=.41a0c1bb1cff.

13. Stephane Hallegatte et al., "Future Flood Losses in Major Coastal Cities," *Nature Climate Change* 3(August 2013): 802–806, https://www.nature.com/articles/nclimate1979.14. Warrick and Mooney, "Effects of Climate Change."